跨界新玩法，不娱乐，即淘汰！

泛娱乐营销

风口·蓝海·运筹

谢利明 袁国宝 倪 伟◎著

当代世界出版社
THE CONTEMPORARY WORLD PRESS

图书在版编目 (CIP) 数据

泛娱乐营销：风口·蓝海·运筹 / 谢利明，袁国宝，倪伟著 . — 北京：当代世界出版社，2016.7

ISBN 978-7-5090-1114-0

Ⅰ . ①泛… Ⅱ . ①谢… ②袁… ③倪… Ⅲ . ①互联网络—应用—企业经营管理—研究 Ⅳ . ① F270.7

中国版本图书馆 CIP 数据核字（2016）第 147700 号

书　　名：泛娱乐营销：风口·蓝海·运筹
出版发行：当代世界出版社
地　　址：北京市复兴路 4 号（100860）
网　　址：htip://www.worldpress.org.cn
编务电话：（010）83907332
发行电话：（010）83908409
　　　　　（010）83908455
　　　　　（010）83908377
　　　　　（010）83908423（邮购）
　　　　　（010）83908410（传真）
经　　销：全国新华书店
印　　刷：北京毅峰迅捷印刷有限公司
开　　本：710 毫米 ×1000 毫米　1/16
印　　张：14
字　　数：186 千字
版　　次：2016 年 8 月第 1 版
印　　次：2016 年 8 月第 1 次
书　　号：ISBN 978-7-5090-1114-0
定　　价：42.00 元

推荐序
互联网＋造势，泛娱乐登场

早在 2014 年，我就想写一本关于"泛娱乐"的书，但是直到今天也没动笔，所幸谢利明、袁国宝、倪伟三位将此事付诸实践，也算弥补了我的遗憾。

要系统性地阐述泛娱乐，并不是一件容易的事。

泛娱乐这个题材很热闹、很火爆，但是它的问题也很多。

这两年泛娱乐非常火，大家都在跟风。泛娱乐是现在的风口，大家都说：站在风口上，猪都能飞。

对于现在的泛娱乐产业来说，风已经吹起来了。

就像 2016 年最火爆的是 VR，2016 年也因此被称为 VR 元年，有很多人想找我做 VR，有人说："你说怎么做，我来投钱！"但是他们并不清楚 VR 和 AR 的含义和区别！

泛娱乐也是如此，特别火爆，但是人们对它的了解还很浅显，商业对它的挖掘，还远未触到奇点。

在宇宙的奇点，宇宙开始爆炸。

而泛娱乐的奇点，有人知道在哪儿吗？

泛娱乐的源头，不是从 2011 年腾讯的程武提出这个概念开始的。泛娱乐远比大家想象得要历史悠久：美国的泛娱乐鼻祖是漫威，而日本的泛娱乐鼻祖则是二次元。在日本，二次元几乎成了一种精神象征。但是二次元究竟是什么，没有人能说清楚，很多人说二次元应该独立出来，而不应仅仅作为漫画的分支。不管怎么说，二次元是一个独立的王国，它是日本泛娱乐化的体现。

作者在写作这本书的过程中，试图从多个视角来看待泛娱乐。

第一个视角是商业视角。从商业模式的角度、从各大公司的角度去挖掘泛娱乐，这个角度可以是腾讯的角度、新浪的角度；也可以是游戏公司的角度，比如蓝港互动；还可以是新兴的视频直播平台，如斗鱼 TV。作者试图站在这些做泛娱乐的大公司的角度，去探讨如何理解、如何运营、如何建造泛娱乐体系。

但是要深刻地阐述泛娱乐，光从这些商业大鳄的角度去看，是远远不够的。

第二个视角是大众视角。从消费者、广大的泛娱乐受众、庞大的亚文化人群的角度来观察泛娱乐，他们才是泛娱乐所针对的对象，才是真的泛娱乐的上帝。

现在的消费环境是一种多元化、个性化的消费环境。我们面临的文化产品和普通消费品并无区别，全都由"上帝挑选和决定"，上帝们或许有100 种对象可以挑选，但是他们也许一个也不会选。

关键是如何让上帝们满意？如何了解上帝们的需求？

我曾经跟别人这样解释泛娱乐：当你走进一个超级市场，你想买一个杯子，货架上罗列着 1000 个杯子，每个杯子的功能都类似，质量和价格虽有差别，但是很难说哪个杯子是出类拔萃的。

最后选来选去，看到一个杯子，上面印着一对开飞机的老鼠，你立刻想起小时候看过的动画片，于是买了它。

这就是泛娱乐，是粉丝、是故事、是故事背后驱动的情感、是产品的跨界。从漫画到动画、从动画到电影、从电影到杯子——其实都一样！

泛娱乐是把所有东西都融合在一起。

泛娱乐是给用户一个选择你的理由：就像你在 1000 个杯子中选择一个印有你童年回忆的杯子（情感的驱动）那样。

而泛娱乐要做的就是把这个杯子做大，做成一个迪士尼一样的王国。

2015 年，泛娱乐渐渐火爆；2016 年，人人都在谈论泛娱乐。但是泛娱乐的爆点还没有到来。

娱乐产业的"泛"还很长，我相信"泛"这个词，将是未来的趋势。

现在娱乐产业是最早开始呈现"泛＋"的产业。

而我相信未来，金融产业会出现"泛金融"，文化产业会出现"泛文化"，地产行业也会呈现"泛地产"的态势。

未来还很长，让我们一起见证。

文丹枫

博士、独立作家、互联网营销专家

目　录

【风口篇】　泛娱乐，资本寒冬中的新热土

【蓝海篇】在泛娱乐的蓝海中乘风破浪

【风口篇】

泛娱乐，
资本寒冬中的新热土

第 1 章
引爆：从泛娱乐元年说起

1.1 泛娱乐的前世今生

摘要：

"泛娱乐"的概念第一次被提出是在 2011 年，但是却鲜有人知道，真正的泛娱乐早在 1939 年就开始了，如今的泛娱乐正处在人人都渴望分一杯羹的蓝海市场之中。

虽然都知道泛娱乐有巨大的潜力，但是想要将它的潜力全部挖掘出来，却并不容易。那么，应该怎么做才能够建立起一个完整的泛娱乐产业链呢？

🔍 前世：1939 年的漫威是最早的泛娱乐

什么是泛娱乐？

当我们打开百度搜索"泛娱乐"，出来的词条是这样的：泛娱乐，是指基于互联网与移动互联网的多领域共生，打造明星IP（intellectual property，知识产权）的粉丝经济，其核心是IP，可以是一个故事、一个角色或者其他任何大量用户喜爱的事物。

美国的漫威是最早的泛娱乐

国外最早的泛娱乐是漫威：

漫威漫画公司（Marvel Comics）曾被翻译为"惊奇漫画"，在美国是与DC漫画公司（DC Comics）齐名的漫画行业巨头。

漫威创建于1939年，但直到1961年才开始使用Marvel的名称。它旗下一共拥有8000多个漫画角色，其中经典的角色包括：蜘蛛侠、钢铁侠、美国队长、雷神托尔、绿巨人等，同时还有诸如复仇者联盟、神奇四侠、X战警等众多英雄组成的超级英雄团队。

2008年，漫威漫画被迪士尼公司以42.4亿美元收购，因此漫威目前绝大部分漫画角色的所有权都归迪士尼公司所有。2010年9月，Marvel宣布"漫威"为其正式中文名。

漫威的创立者是一位叫作马丁·古德曼的出版商。古德曼最初是做通俗杂志的，他所创办的杂志题材较多，包含西部故事、冒险和科幻等多个方面。1938年，古德曼厌倦了这些题材，开始寻找自己感兴趣的题材——新奇、华丽的同时还要有激动人心的大场面，漫画正好完全符合古德曼的要求，于是他进入漫画行业。

虽然当时已经有了DC漫画，而且其拥有两大经久不衰的王牌角色：超人和蝙蝠侠，但是漫威还是找到了一条适合自己的新道路，创造出了许多经典的漫画角色。

1939年4月，一本叫作《Motion Pictures Funnies Weekly》的漫画杂

志出现了，这本漫画杂志最初是作为赠品在电影院里发放，而在漫画中，Namor the Sub-Mariner（海王子纳摩）首次出现在大众的视野里，他是人类和亚特兰蒂斯人混血，可以长期在水下生活。他是漫威创作的第一位超级英雄，而这时自漫威公司成立还不到半年时间。之后，海王子纳摩的故事经过加工出现在一个新的漫画刊物中，而这个漫画刊物的名字就是——《Marvel Comics》。

从观众的视角来看，海王子纳摩并不像一位以拯救世界为己任的超级英雄，反而像一位同超级英雄作对的反派角色。父亲是人类，而母亲是水下种族的公主，这种结合让他的外观怪异，并且他的行为也容易让人怀疑：成年之后的纳摩因为自己的水下王国被毁，所以决定向地面上的人类展开报复行动。他年轻、易怒、同时充满力量，这让他变得非常危险。纳摩在地面上四处搞破坏，地面人类的死活似乎并不是他关心的事情。

同纳摩一起在第一期《Marvel Comics》出现的还有其他英雄，包括火焰人、Ka-Zar、The Angel 等。

纳摩和火焰人后来各有自己独立的连载故事，而这种英雄互相"友情客串"的情况当时被称作 crossover，最后逐渐形成了 universe 的概念。不过能够让所有超级英雄共同参与的事情并不是漫画虚构的故事，而是第二次世界大战。

漫威的超级英雄们在第二次世界大战期间开始深入人心

第二次世界大战初期，虽然欧洲战场和亚洲战场打得非常激烈，但是美国并没有参与进来。尽管美国并未参战，但是面对全民公敌的法西斯主义四处蔓延，超级英雄们（如图 1-1 所示）已经在漫画中表明了自己的态度：早在 1940 年，海王子纳摩就袭击了纳粹的潜艇；火焰人也和盟军并肩作战，共同对抗法西斯。而在所有反法西斯的超级英雄中，最为出名的应该是美国队长。

图 1-1　漫威的英雄们

美国精神的象征：美国队长

1941 年 3 月，《美国队长》漫画创刊，在编剧乔·西蒙和画家杰克·科比的共同打造下，一位身穿红白蓝三色星条服装、手持星条盾牌、全身上下都带着美国国旗元素、代表着美国精神的超级英雄诞生了。这位英雄疾恶如仇，一诞生就加入到了如火如荼的世界反法西斯战争中。美国队长和其他超级英雄的区别是：当时，新创作的超级英雄一般先要在其他刊物上试行，如果反响较好，才会推出独立故事的漫画，而美国队长是设计出来直接就有了独立漫画。因为古德曼在看到美国队长的角色设定后，断定这位超级英雄一定能够大获成功，于是美国队长获得了独立表现的机会。而后来的事实证明，当时的决定是非常正确的，美国队长漫画一经推出就大受欢迎。

美国队长的漫画和军需补给一起送到前线：鼓舞士气

在漫画设定中，美国队长原本是一个普通的美国人，名叫斯蒂夫·罗杰斯。这个原本身体瘦弱的年轻人，为了报效国家，自愿加入美国军方的秘密计划，在使用了一种特殊的药物后，成为后来的美国队长。而发明特殊药物的教授被纳粹间谍暗杀，药物配方只有他一个人知道，这让斯蒂夫变成了唯一的超级战士。之后美国政府安排他以普通士兵的身份进入部队，同敌人作战。

美国队长并不是天生的英雄，他的身体也和普通人一样会受伤。与普通人相比，他更加勇敢、坚强，其直接对抗法西斯的行为，提高了漫画的主题高度。当日本偷袭了美国珍珠港，美国参战之后，这位超级英雄的漫画和军需补给品一同被送到前线，成为美国大兵的精神食粮，鼓励士兵们在前线勇敢作战。同时，美国队长漫画的大获成功，也让漫威从此有了和DC漫画分庭抗争的实力。

随着第二次世界大战的结束，美国队长也逐渐淡出人们的视线，直到20世纪60年代才重新回归到漫画世界中。但是这时的社会已经和第二次世界大战时期的社会不同了，美国精神也有了新的含义。虽然他在新社会中也同恶势力进行过殊死斗争，但是最让人们怀念的依然是他对抗法西斯的故事。

很少有人注意到，漫威和漫威旗下的超级英雄们就是最早的泛娱乐。如今的漫威公司可谓雄霸天下，拥有大量超级英雄和他们的忠实粉丝，漫威帝国的泛娱乐事业蒸蒸日上，每个英雄既是独立的个体，又是整个英雄团队的一部分。

这是最早的泛娱乐，是泛娱乐的前世，也是泛娱乐最终极的精神体现。泛娱乐不只是娱乐，不只是产业，它的核心是情感，是情怀，只有把情感作为基础，才能有大量的粉丝存在。

今生：腾讯率先提出，各大巨头纷纷加入

起点：2011年——泛娱乐第一次被提起

泛娱乐的概念是2011年由腾讯公司副总裁程武首次提出来的。程武在那一年的中国动画电影发展高峰论坛上，提出以IP打造为核心的"泛娱乐"构思。自此拉开了泛娱乐化时代的大幕。

升温：2012年——腾讯提出泛娱乐战略

在提出泛娱乐的概念之后，2012年，程武在"UP2012腾讯游戏年度发布会"上，正式将腾讯的泛娱乐战略公布出来。

此时，腾讯的"泛娱乐"概念是以IP授权为轴心、游戏运营和网络平台为基础，展开跨领域的多平台商业拓展模式。腾讯的泛娱乐战略公布没多久，"腾讯动漫发行平台"和"泛娱乐大师顾问团"就建立起来了。

2013年，腾讯首先将"腾讯动漫发行平台"改造为"腾讯动漫平台"，这个平台是继腾讯游戏之后第二个实体业务平台。之后，腾讯收购盛大文学，并且成立了自己的"腾讯文学"，至此第三个泛娱乐实体业务平台出现。

2014年，腾讯意识到泛娱乐已经发生了变化，在UP2014腾讯互娱(IEG)年度发布会上，程武重新阐述了泛娱乐。新定义为：基于互联网与移动互联网的多领域共生，打造明星IP的粉丝经济。伴随着泛娱乐的新定义，这一年"腾讯电影+"宣告成立。

引爆：2014年——腾讯持续迈进，各大巨头纷纷入场

小米公司董事长雷军提出过一个非常有名的风口理论："站在风口上，猪都会飞"。关于这个理论我们首先来看风是从哪里吹来的。

对近几年产业发展感兴趣的人很容易看出中国服务业的发展态势，移动互联网、粉丝经济、娱乐产业都是近几年的热门话题，因此看出这一发展态势的互联网公司都开始向文娱产业发展，一边进军游戏影视领域，一边直接将IP源头控制在手中。

互联网三巨头BAT最近几年也纷纷成立了各自的网文部门。腾讯是先从起点挖团队，然后吞下盛大文学，成立了阅文集团；百度则是拿下91熊猫，成立了百度文学；阿里巴巴旗下也有了书旗小说。

未来：泛娱乐积热已久，爆点仍未到来

"泛娱乐"这个词如今一再被提及，虽然大家都知道泛娱乐存在巨大的潜力，但是想要将这些潜力全部挖掘出来，却不是一件容易的事情。作为概念提出者的腾讯，已经在泛娱乐的道路上经营了多年，但是效果仍然差强人意。

那么，为什么"泛娱乐"行业发展得如此困难呢？怎么做才能建立起一个完整的泛娱乐产业链呢？

作为泛娱乐的提出者，腾讯从 2012 年就踏上了泛娱乐的道路，并且仅用了两年时间就将游戏、文学、动漫、影视四块业务完成了泛娱乐布局，并且还得到了一批优质的 IP。

《2014 中国游戏产业报告》对于腾讯在泛娱乐行业中所起的作用是这样说的："游戏产业整体与细分市场的收入增长都将是惯性增长，短期内缺乏破局因素，腾讯公司的'泛娱乐'战略盘活了游戏与其他文化产业的融合发展。"

在腾讯逐步完成自己的泛娱乐布局时，BAT 中的另外两家互联网巨头也展开了行动，开始进行自己的泛娱乐布局。在过去几年中，阿里巴巴在影视、传媒等产业上投资了数百亿元，很明显，它的这些投资都是为了布局"泛娱乐"产业。而百度早在 2012 年就已经收购了爱奇艺，行动比阿里巴巴更早。

"泛娱乐"爆点未到

近几年，随着"泛娱乐"概念的出现，游戏、动漫、文学、影视相关产业都在快速发展，尤其是变现能力最强的游戏行业，这几年发展速度惊人。2015 年，中国游戏市场收入达到 1407 亿元，并且呈稳步增长的态势。但是，泛娱乐行业发展的爆点还未到（如图 1-2 所示）。

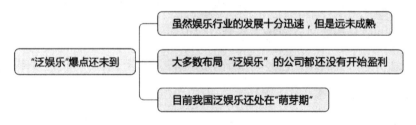

图 1-2 "泛娱乐"爆点还未到

第一，虽然娱乐行业近几年的发展十分迅速，但是如果和国外同产业进行对比，差距非常明显。

以中日动漫产业为例，日本的动漫产业如今已经发展得十分成熟，具备完整的产业链，年营业额高达 230 万亿日元。相比之下，中国动漫产业差很多，缺乏成熟的运作模式，没有完整的产业链，多数动漫公司处于盈利微薄或者亏损的状态，依靠补贴才能维持，盈利能力良好的公司非常少。

第二，虽然现在几大巨头公司都在大刀阔斧地打造自己的泛娱乐产业，但是直到现在都还没有开始盈利。

早在 2005 年，盛大公司就提出过"网络迪士尼"的构想，但是因为当时互联网发展还不够成熟，加上国家政策的限制，最终"盒子计划"宣告失败，视频业务也逐渐被市场边缘化。实际上，每一个新兴行业的成长都可以看作是一个指数增长的过程。

目前泛娱乐还处于萌芽期，这个时间段是一个投入的时期，得到的回报非常少，并且现在距离行业爆点阶段还有一定距离。腾讯目前的泛娱乐道路也是在不断摸索的过程中艰难前进，远没有达到盈利状态。

第三，娱乐垂直行业发展的成熟并不能说明泛娱乐行业达到了爆点。

只有当游戏、动漫、影视、文学等各个行业互相打通，形成一条完整的娱乐产业链时，泛娱乐行业才会进入真正的白热化阶段。

1.2 这是一个不娱乐即淘汰的时代

摘要：

在今时今日的中国，话题的风暴中心，早就不是房地产、金融、公务员了，而是直播、网红、IP、内容、游戏解说等，它们才是未来中国的娱乐中心。

2015年3月5日，李克强总理在《政府工作报告》中提到：服务业在国内生产总值中的比重上升到50.5%，首次占据"半壁江山"。未来中国的希望和重点，正在向第三产业转移。

泛娱乐：历史趋势的必然

2016年2月，英雄互娱向华谊兄弟定向发行27721886股，以每股68.53元的价格募集人民币19亿元，占到英雄互娱股份总额的20%。华谊的王中军、王中磊则分别加入英雄互娱董事会、监事会。

在今时今日的中国，话题的风暴中心，早就不是房地产、金融、公务员了，而是直播、网红、IP、内容、游戏解说等，它们才是未来中国的娱乐中心。

我们身处一个全新的娱乐时代

2015年3月5日，李克强总理在《政府工作报告》中提到：服务业在国内生产总值中的比重上升到50.5%，首次占据"半壁江山"。消费对经济增长的贡献率达到前所未有的66.4%。

我们的社会，正在从工业化向服务化转型。

这对于我们来说是一个信号，和中央提倡的供给侧结构性改革一样，未来中国的希望和重点，将向第三产业转移。

2015年，北京市第三产业占GDP的比重达到惊人的79.8%，而在全国，这个比重也超过一半，这两个数据对中国意义深远。

第三产业的生产力已经远超第一、第二产业，成为这个经济体的主导力量。

美国在1990年时服务业占GDP的比重就已经超过50%，20世纪90年代美国的经济被美联储主席珍妮特·耶伦的代表作称为"令人惊艳的十年"。

2000年时，美国服务贸易总额以4735亿美元占据世界第一的位置，服务贸易出口额则是2476亿美元，占当时世界服务贸易出口总额的19.1%，服务贸易顺差为487亿美元。

山姆大叔通过互联网和好莱坞电影，从全球各地赚取了大量美金。

如今，泛娱乐产业所涵盖的电影、网游等行业，已经在中国经济的版图中占据越来越重要的地位，就连过去靠地产起家的万达，都在积极转型，把资金投入万达影业中。而王思聪，也一方面顶着中国第一网红的头衔，另一方面大力发展普思资本，将大量热钱投入手游、直播和电竞联盟中。

🔍 腾讯的泛娱乐化战略

作为最早提出泛娱乐的腾讯，在泛娱乐的道路上也走得最远。目前腾讯的泛娱乐框架已经非常完善（如图1–3所示）。

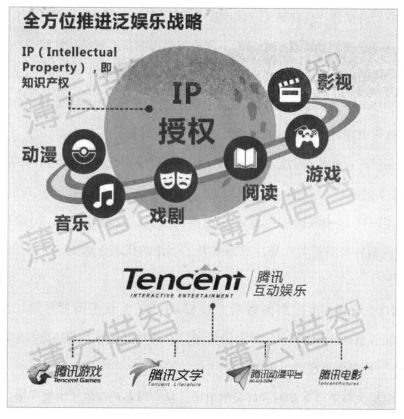

图 1-3　腾讯互娱泛娱乐战略框架（图片来自薄云借志）

我们可以看出，腾讯将"互联网+"同文创产业进行融合，又和文化产品相互连接，由此构成了"泛娱乐"概念。与这个概念一同出现的还有腾讯的四大实体业务平台。

马化腾在一次媒体沟通会上说："泛娱乐是内容产业的方向。过去的 IP 版权是割裂的。现在 IP 的价值开始得到实现，系统性地综合开发这些 IP，一定是大势所趋。"由此可以看出腾讯对于"泛娱乐"的重视程度。

那么，"泛娱乐"是在什么样的背景下产生的呢？（如图 1-4 所示）。

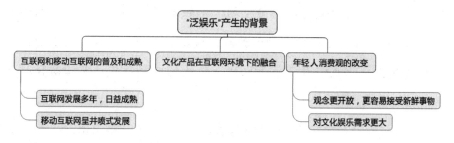

图1-4 "泛娱乐"产生的背景

腾讯"泛娱乐"概念发展 & 腾讯互娱架构

在2015年的中国游戏产业年会上，腾讯游戏副总裁蔡欣在演讲中这样定义腾讯的泛娱乐战略：

腾讯泛娱乐的战略定义是基于互联网与移动互联网的多领域共生打造明星IP的粉丝经济，明星IP连接聚合粉丝情感的核心，多领域和谐共生基于互联网两大基础要素，如果时间轴往前，腾讯2003年涉足游戏领域，经过十年的发展，从2012年开始推出动漫文学业务，直到今年腾讯影业正式成立，终于形成了泛娱乐的完整矩阵。

回顾这些年腾讯结合互联网发展的技术，在文化创意产业各个领域培育明星IP的议程。从今年3月腾讯提出的"互联网＋体验"被写入政府工作报告之后，"互联网＋"已经迅速成为全社会的热门概念，它的诞生标志着互联网乃至移动互联网已经从最初的一种基础的应用发展为全新产业生态的构建方式。

我们认为腾讯的泛娱乐战略正是"互联网＋"精神在文化创意产业中的具体演义与实践，随着互联网特别是移动互联网的飞速发展，我们的行业从单机游戏走进网络游戏，从传统出版走进网络文学，实体动漫变成网络动漫，包括影视在内的文化创意产业范畴内的各个业务正在出现全新的发展思路与空间，泛娱乐代表了文创产业"互联网+"的理解又经历了一次全面的升级。通过在游戏、文学、动漫影视等领域的探索，让我们看到了互联网与传统的内容创意产业相结合所带来的巨大机遇。

第一，互联网拥有更广的用户覆盖，让用户进入门槛更低。

第二，互联网带来了快速迭代更新，有效地催生了创意，让用户的体验更加丰富。

第三，互联网带来了更强的互动，让用户可以高度参与内容的优化改进。

第四，通过互联网，无论内容、生产成本还是用户获取成本，都得到了大幅度的降低。

综合以上四点，泛娱乐作为互联网与文创产业融合的具体实现形式，它是互联网技术推动下的商业创新，泛娱乐战略最终的目标是在逐步地建立和完善各个垂直领域产业生态的同时，还将横跨这些领域实现明星IP的自由穿梭、共融共生。无论是游戏、文学、动漫、影视，我们并不排除在各个单领域中都会诞生新的明星IP的可能，但是作为完整的生态体系，明星IP在各个业务的角色将各有侧重，动漫文学是内容产业的重要IP源头，主要起到孵化的作用，影视可以迅速放大IP的大众影响力，让其更具有故事延伸性和想象力，游戏可以促成用户对于IP的持续情感黏着性，让用户拥有更深的参与感，更容易帮助IP实现商业化变现。

泛娱乐的核心为：明星IP。

"明星IP"是多样的，可以是一个人物，可以是一个形象，也可以是一个故事，只要它能够满足有"广泛的影响力""庞大的粉丝群""可以转变为多种文化产品"这三个要求即可。

国漫神话：《尸兄》

《尸兄》被称为国漫神话，作者"七度鱼"是浙江小城丽水的一位原画师。截至 2015 年 3 月，《尸兄》的漫画点击率超过 48 亿，动画点击率超过 14 亿。在百度动漫排行榜上一度位居前三（另两部是有日本"三大民工漫"之称的《火影忍者》和《海贼王》，被《尸兄》超越的著名作品还包括《柯南》《银魂》等）。作为腾讯动漫迄今最为成功的原创 IP，腾讯副总裁程武认为一个"高情感寄托、高用户认知"的 IP 已经诞生。2014 年 8 月，腾讯动漫宣布将《尸兄》手游版权授权给中青龙图，授权价创迄今手游业内最高纪录。2014 年 9 月，腾讯在"腾讯电影 +"发布会上，宣布要把《尸兄》改编成电影。作者"七度鱼"也成为年收入破百万元的职业签约漫画家。

泛娱乐的核心就是明星 IP，影视、文学、漫画等不同文化产品的串联也需要将"明星 IP"作为核心。所以，发展泛娱乐必须要有优质的明星 IP 做支持。

以明星 IP 为核心打造粉丝经济，是泛娱乐的目的。

通过明星 IP 打造出不同文化产品在粉丝面前展示，让粉丝为这个形象消费，这种消费就是粉丝经济的核心。

腾讯互娱四大实体业务如何体现"泛娱乐"

腾讯互娱（IEG）旗下的四大实体业务"腾讯动漫"、"腾讯文学"、"腾讯影视"和"腾讯游戏"都是为"泛娱乐"这一策略服务的。

腾讯动漫＆腾讯文学：腾讯动漫内容渠道主要分为"版权引进"和"国漫打造"两种，储备了大量优秀国内外动漫产品；腾讯文学则与盛大文学整合成为阅文集团，同样在网文内容上占据优势。IP 的内容源头来自动漫和文学，这两大实体业务保证了内容的持续性。不过，内容不应当只是单独发展，还应当是多角度、多思路开发，这就涉及与影视及游戏的 IP 联动。

腾讯电影：一是通过"连接"的作用，通过互联网平台连接广大用户、专业人才、技术等，并用由此产生的信息指导电影的投资、制作等环节；二是在腾讯游戏、动漫、文学平台上的海量 IP 中选取适合被改编成影视作品的内容进行孵化，通过影视作品扩大明星 IP 的影响力。

腾讯游戏：逐步加强游戏与文学、动漫、影视业务的共生融合，这一点可以从腾讯与刘慈欣、南派三叔、7 次围棋世界冠军得主古力先生等合作上看出苗头。比如，和南派三叔在"《勇者大冒险》明星 IP"上的合作。

从腾讯的泛娱乐架构可以看出，腾讯的四大实体业务在泛娱乐中相互连接相互辅助，各有分工。泛娱乐离不开 IP 这个核心，腾讯文学和动漫的作用就是不断地提供可供打造的 IP。腾讯影视则是通过荧幕宣传，扩大 IP 的影响力，吸引更多粉丝。而腾讯游戏则保证粉丝对 IP 持续感兴趣，同时完成变现的步骤。

关于腾讯"泛娱乐"概念的总结

在当下互联网及移动互联网已经成熟的背景下，腾讯将不同文化产品相互融合，打造出"一个内容，多种形式"的明星 IP，然后将 IP 作为核心发展粉丝经济。这种方式势必会成为日后的主流方式。

未来，无论是电影、文学还是动漫等都不会再独立出现，这些不同的娱乐产业将会被互相打通，互相转化。泛娱乐就像是一张大网，通过这张网，不同领域的娱乐产业将被紧密地联合在一起。

🔍 斗鱼 TV：两年估值 10 亿美元

斗鱼 TV 是国内非常有名的一家弹幕式直播分享网站（如图 1-5 所示），最初为 AcFun 的生放送直播，2014 年更名，成为现在的斗鱼 TV。斗鱼 TV 的直播内容种类繁多，目前主要是以游戏直播为主。

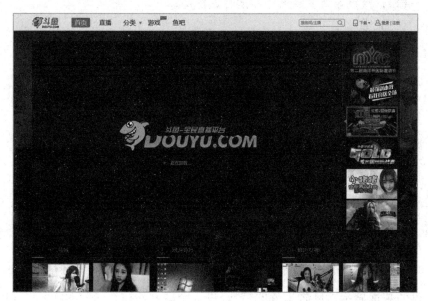

图 1-5　斗鱼直播官网

2016 年 3 月 15 日，斗鱼 TV 宣布获得腾讯领投的 B 轮超一亿美元融资，同时，A 轮投资人红杉资本及南山资本都将继续投资。

斗鱼 TV 宣布获超 1 亿美元 B 轮融资 腾讯领投

斗鱼 TV 对外宣布，完成新一轮 1 亿美元（约 6.7 亿元人民币）融资，其中，腾讯出资 4 亿元人民币领投，红杉资本进行了追加投资，跟投方还包括南山资本等。华兴资本担任此次融资的独家财务顾问。

斗鱼TV CEO陈少杰表示："在本轮融资完成后，斗鱼TV将与腾讯在资源和版权方面进行深度合作。2016年，斗鱼TV将更加坚定地走直播多元化、内容精品化的发展道路，在现有基础上把直播平台拓展为包含游戏、御宅、星秀、科技、户外、体育、音乐、影视等众多热点为一体的综合直播平台。"

华兴资本董事、总经理杜永波表示："从过去几年的市场发展情况看，斗鱼TV毫无疑问已经成为中国直播行业的领军企业。本次和腾讯的合作将进一步推动斗鱼TV向着综合娱乐直播平台的方向迈进。我们很高兴看到斗鱼TV在成立不到两年的时间内成为中国最大的在线直播平台，相信公司未来能够在管理层的带领下获得更大的成功。"

据悉，斗鱼TV还会扩张到更多新的领域中去，最终打造成一家综合娱乐直播平台。

斗鱼TV在用户和流量数据方面，根据专门发布世界网站排名的Alexa提供的数据显示，目前斗鱼TV已经进入全球网站排行的前300名，在中国位列前30名，在中国视频类网站浏览量排行榜中位列前十，直播类网站中排名第一。

根据斗鱼TV提供的数据，2015年晚高峰时段的访问量已经达到淘宝访问量的80%，同时在线的主播人数超过5000位。

"斗鱼"如何用两年时间，从无人能懂做到估值10亿美元？

不断被各种负面新闻缠身的斗鱼，于2016年3月15日宣布获得腾讯领投的B轮超一亿美元融资，成为直播行业中的"独角兽公司"（在硅谷，那些估值超过10亿美元的初创企业被称为"独角兽公司"）。

从成立到估值 10 亿美元，这一过程斗鱼只用了短短的两年时间。

而在两年前，很多人还都不知道斗鱼是什么。是什么原因让众多投资者看好斗鱼的前景呢？想要知道这个问题的答案，首先来看一下斗鱼的发展史。

2014 年 1 月 1 日，斗鱼 TV 正式成立。

2014 年 2 月，斗鱼 TV 成为电竞俱乐部 OMG 的冠名商。

2014 年 3 月，斗鱼 TV 和电竞俱乐部 IG 达成合作，成为 IG 的赞助商。

2014 年 7 月，斗鱼 TV 成为电竞俱乐部 HGT 的冠名商。

2014 年 9 月，斗鱼 TV 所冠名的三支电竞战队：EDG、皇族、OMG 在英雄联盟比赛项目中进入世界八强。

2014 年 10 月，斗鱼 TV 和电竞俱乐部 CDEC 达成共识，成为其独家冠名商。

2014 年 11 月，斗鱼 TV 炉石电子竞技俱乐部宣布成立。

2016 年 3 月 15 日，游戏直播平台斗鱼 TV 宣布获得腾讯领投的 B 轮超一亿美元融资，同时，A 轮投资人红杉资本及南山资本都继续投资。

业内人士认为，游戏直播行业被斗鱼的出现和崛起所带动。2015 年，由王思聪创办的熊猫 TV 宣布上线，熊猫 TV 的出现让电竞直播行业的竞争更加激烈。

目前国内游戏直播市场主要被五家直播平台所掌控，这五家分别是斗鱼、熊猫、虎牙、战旗及龙珠。而此次斗鱼 TV 的成功融资似乎代表着直播行业新一轮的整合期即将开始。

"斗鱼找到游戏直播的风口绝非偶然"，斗鱼创始人兼 CEO 张文明表示：面对日益激烈的行业竞争，自己并没有太过担心。因为在他眼中，绝大多数失败都不是因为竞争对手，而是因为自身的原因。

我们回顾斗鱼 TV 快速发展的历程，就会发现：斗鱼的商业模式并不是投资人所看重的，投资人看重的是斗鱼能够精准找到用户痛点及强大的技术攻势。

斗鱼汇聚了一大票有趣的人

和过去的网页端直播相比，斗鱼直播要"有趣得多"，在这个平台上汇集了一大票非常有趣的人。

斗鱼就像一个窗口，网友们能够通过它看到别人生活的世界、通过它了解别人的日常，以往我们能够看到的都是明星、大腕儿，但是斗鱼不一样，它是平民化的，也是生活化的。

以斗鱼名人"威海大叔"为例，一位大叔直播吃海鲜，竟然有 20 多万人围观。

吃货的力量！"威海大叔"直播吃海鲜引 20 多万人围观①

说起网络主播，大家脑海里浮现出的大多是年轻貌美的女主播。然而，我市一名叫作"威海大叔"的网友，却不是靠脸吃饭的主播，他是靠着直播吃海鲜，从一个"草根"大叔，成为新晋"网红"。

直播吃海鲜，20 多万人围观

3 月 28 日晚上 8 点 20 分，"威海大叔"越成一回到家，就在自己不足 5 平方米的厨房里忙活起来。架起三脚架，打开电脑，摆好手机，将各种海鲜摆盘，他就开播了。

① 来自威海晚报

"今天有点事耽误了，兄弟们！现在马上开始！"刚一开播，平台显示有1000多人在观看。

"大叔，等你半小时了！"

"大叔，迟到了怎么罚？"

"大叔，我是不是第一个？"

比原定直播时间推迟了20分钟，全国各地的网友按捺不住了，纷纷留言刷屏。同时，更多人涌进他的直播间。

"大叔，开吃吧，先开个贝！"在网友们的热情呼吁下，越成拿出一个大赤贝，娴熟地顺着开口处两头各开一刀，里面红色的血就流了出来。洗了洗开口处的泥，将赤贝肉刮下来切成片放在壳里，蘸着辣根、陈醋调成的酱汁，越成津津有味地吃了起来。吃完后他还顺势把酱汁一股脑儿喝了，呛得直晃脑袋。

"大叔是宋小宝附身了！辣根来三条！""今天吃饱了才来看直播的，不怕你了！"……开播10分钟，观众达到了1.9万人。

截至次日凌晨直播结束时，围观的网友一直维持在20多万。

只要时间充裕，买海鲜的过程越成也会直播。

"上岗"三个月，创下52.6万人围观纪录

20多万人围观是常态，作为一名仅上播三个月的新主播，越成在3月19日晚上创下52.6万人围观的纪录。

网友千千万，爱好各不同。年龄有点大、颜值不算太高的大叔，仅凭借着直播吃海鲜就能"降服"各路网友？

答案是否定的。直播过程中，越成与生俱来能耍宝的特质和幽默感，是美食之外吸引众多网友的重要原因。

当晚，看着观众们反应热烈，越成开始耍起宝来。他豪爽地撸起袖子，玩起了杀海鲜特技。挑了海胆、爬虾、海螺等几种海鲜装盘后，他拿起筷子和烤盘上活蹦乱跳的爬虾上演了一出"搏斗"戏。

配合着他搞怪的动作，幽默的台词，这出戏瞬间吸引了11.1万人观看。而在直播过程中，各种即兴表演都是他的家常便饭。

当网络主播前，开过服装店做过安装工

今年39岁的越成走红有点偶然。

2003年，因为工作原因越成从东北来到威海定居。"天蓝海蓝，路面特别干净。"他决定在威海扎根。

十几年来，越成换了8份工作。在网吧当过网管、给别人修过摩托车、在工地上当过装卸工，还开过服装店……做主播之前，他在一家电器公司安装空调。

安装一台空调赚40元，平均下来一天能挣一两百元。但这份工作受淡旺季影响较大，也很辛苦。2015年底，老板拖欠工资，他就辞掉了工作。

越成把辞职的消息告诉了朋友，朋友建议他试试做网络主播。原本就喜欢看户外直播的越成，拿着妻子给的一万元"启动资金"就行动了。

刚开始，越成只是直播他外出游玩的场景，人气一直在几百人左右。2月份的一天，越成在夜市直播海鲜大排档，当镜头里出现"10元5个烤生蚝"时，直播间一下热闹起来。网友"你们威海海鲜那么出名，怎么早不给我们看看？"的话，让越成找到了直播方向。

第二天，他就去市场买了海虹、扇贝、花蛤，回家煮了一大锅，放在桌子上直播吃海鲜。"那天晚上，看我直播的观众第一次过万。"此后，越成就把直播吃海鲜作为主要内容，并命名为"深夜放毒"。

随后，他在直播吃海鲜的路上越走越远，火得一发不可收拾。

昼夜颠倒工作，每天收入四五百元

大家听着以为直播很轻松，可记者跟他体验了一会儿才发现，直播也是个辛苦活。

3月29日下午3点半，越成带我直奔海鲜市场，也同时开启了买海鲜的直播过程，一边让网友看，一边问大家想"吃"什么。一个半小时后，赤贝、花蛤、扇贝、蛏子、海参等十几样海鲜到手。

晚上8点钟，越成回到家准备直播，开门后屋里漆黑一片。"他们可能出去玩了。"越成来不及跟妻子联系就匆忙开播了。

30分钟后，越成的妻儿回来了。看到爸爸在家，儿子开心地跑向厨房。怕耽误直播，越成赶紧示意妻子将儿子抱走。

越成说，因为晚上要直播吃海鲜，所以从开播以来，他从未和老婆孩子一起吃过晚饭。每次采购完海鲜，他通常都买盘饺子吃，休息一会儿后就开始直播，一直到凌晨一两点。

昼夜颠倒的工作时间，引来了很多粉丝。粉丝每天送给他的虚拟礼物，是他收入的主要来源。

如今，越成虽然步入"网红"行列，但每天四五百元的收入，让他觉得"并不可观"，因为设备加上每天购买海鲜就要花费两三百元，越成三个月已经投入 2 万多元。

有人百万年薪招揽，他却想创品牌

越成说，除了虚拟礼物外，广告收入也是这行的主要收入来源。虽然火了以后，很多卖鞋、卖衣服、卖小吃的广告商找他投放广告，但他觉得还是要先站稳脚跟，再想如何挣钱。

越成给我们看了他手机上的 QQ 聊天记录，不少经纪公司想要跟他签约，有一家公司甚至开出了年薪 100 万元的高价，但都被他拒绝了。

越成认为，如果签约，他必然要按照公司设定的路线直播，而不能随心所欲直播自己想要表达的东西，"直播对我来说虽然是谋生之道，但是播着播着，也喜欢上了这份工作。我要把威海的美和特色展示给全国人民看，这也是我当初的诺言。"

威海大叔很有趣，而在斗鱼有趣的却不止他一个。平民化、有趣，是斗鱼立足的根本，代表的是斗鱼在过去两年中的成功，只是现在，斗鱼正面临更大的挑战。

群雄混战才刚刚开始

《2015 年中国游戏产业报告》的数据显示，2015 年，中国游戏用户数量已经达到 5.34 亿人，同比增长 3.3%，游戏市场总收入达到 1407 亿元，同比增长 22.9%。

虽然中国游戏产业的增速有所放缓，但是依然呈高速增长的态势。而游戏直播行业处于游戏市场及电子竞技产业链的中心位置，未来的前景自然一片光明。

中国的游戏直播行业在两年野蛮生长的过程中，伴随着各式各样的新闻，有正面的，也有负面的，比如，天价薪酬的游戏主播、各大平台争抢主播、多次出现低俗直播内容、互联网巨头相继进入这个行业等，这些信息屡屡让游戏直播行业成为公众和媒体关注的焦点。

想要了解这个行业，首先要了解行业的巨头（如表 1-1 所示）。

表 1-1　直播行业的五大巨头

直播行业的五大巨头	
虎牙直播	虎牙直播来源于曾经的 YY 直播，背后有欢聚时代和小米的支持
战旗 TV	背后有国有传媒巨头浙报传媒支持
龙珠直播	背后依靠的是腾讯及游久游戏
熊猫 TV	创始人是王思聪
斗鱼 TV	已经有奥飞动漫和红杉资本的支持，现在腾讯也加入进来

在游戏直播行业井喷发展的同时，也伴随着乱象丛生。比如恶意争抢平台主播，直播内容侵权，直播人数造假等。这些乱象也从侧面反映出该行业竞争的激烈。

斗鱼选择接受腾讯的投资，与行业的激烈竞争也不无关系。况且仅做一个单纯的游戏直播平台绝对不是斗鱼想要的，从斗鱼的一系列行为就能够看出。比如，直播受到全世界关注的围棋"人机大战"、直播"维多利亚的秘密"时装秀等，而前段时间非常火的《太子妃升职记》幕后花絮也被斗鱼进行了独家直播。

不过，斗鱼在风光无限的同时，也被各种问题所困扰，接二连三的直播风波让斗鱼被网络信息部约谈，并且被中央电视台点名批评。看来，被众多投资人所看好的斗鱼并不能高枕无忧，挑战无处不在。

未来发展

斗鱼TV联合创始人兼总裁张文明在接受《长江日报》采访时称，斗鱼从游戏直播到体育竞技，再到生活、娱乐等，希望真正打造一个平民及全民的泛娱乐平台。

腾讯投资总监余海洋表示："互联网视频直播有着用户参与内容创作、实时高互动等特点，目前在游戏领域发展较为迅速，也延展到体育、娱乐、科技、教育等越来越多的领域。斗鱼从游戏直播领域切入，在过去一年多的时间发展迅速，获得了用户的认可，也有大量的非游戏内容在斗鱼直播平台涌现。作为投资方，我们很认可。"未来除了在游戏直播领域进行更深入的合作外，腾讯也希望在其他内容领域与斗鱼携手，通过直播的方式，为用户提供更多高质量的内容。

未来，斗鱼TV还会扩张到更多新的领域中，目标是打造成一家综合娱乐直播平台。

"有趣"的斗鱼TV

想要彻底了解斗鱼，首先需要了解它背后的投资人，这位投资人是一位85后！

他就是红杉资本的曹曦。曹曦进入VC（venture capital风险投资）这一行仅4年时间，就成为红杉资本的董事、总经理，在投资斗鱼的同时，他还投了其他四家公司，分别是：懂球帝、万合天宜、快手、爱鲜蜂。

曹曦投资斗鱼TV是在2014年，也是最早投资斗鱼的成员之一，并且当时进入斗鱼的价格低于之后所有投资人进入的价格。

可以说曹曦就是因为这次投资被媒体关注的。

为什么会投资斗鱼呢？在 2013 年，Twitch 在美国备受瞩目，谁也没想到这个成立于 2011 年的游戏直播网站能够超过 Facebook、亚马逊、Hulu 和 Pandora，在美国高峰时段流量排行榜中位居第四。

曹曦从 Twitch 得到了一些启发，之后就联系上斗鱼的 CEO 陈少杰。两个年纪相仿的年轻人通过电话交流的时间超过 200 小时，他们的交流内容大都是各自关于产品的看法和见解。

2014 年的斗鱼并没有现在这么多的电竞主播，而曹曦看好斗鱼的原因就是因为它非常有趣。

闲时曹曦也经常去斗鱼上逛，寻找有意思同时有潜力的人。

比如"威海大叔"。曹曦注意到"威海大叔"时，他的粉丝只有一千多人，但是曹曦看过这个"大叔"的直播后，感觉"午夜报复社会吃海鲜，肯定能火"。之后曹曦就和陈少杰沟通："威海大叔"非常有潜力，值得多关注。如今"威海大叔"的人气已经突破百万。

🔍 蓝港互动：定位大 IP 战略，全力发展泛娱乐

2016 年 4 月 29 日，"2016 蓝港游戏战略发布会"在北京召开，蓝港 CEO 王峰宣布：蓝港将以《苍穹之剑》为核心，打造覆盖手游、影视、动漫、主机和 VR 的全面超级 IP，并且还会与好莱坞进行合作，以此来做到 IP 全球化（如图 1-6 所示）。

图 1-6　蓝港互动官网

2016 年，蓝港互动第一季度收入 1.67 亿元，同比增长 47.3%。

蓝港互动第一季度收入 1.67 亿元 手游占比 93.4%[①]

5 月 13 日消息，蓝港互动（08267.HK）公布了截止到 2016 年 3 月 31 日的第一季度业界报告。报告中提及，蓝港互动第一季度收入 1.67 亿元，同比增长 47.3%；首季亏损收窄至 727.7 万元人民币，每股亏损 0.02 元。

报告披露，蓝港互动第一季度网络游戏开发及运营收入主要分为两个部分：①游戏虚拟物品销售收入约为 1.57 亿元；②授权金及技术服务费为 999.2 万元。

按类别划分，蓝港互动第一季度手游收入 1.56 亿元，占总比

---

① 新闻来自腾讯游戏

93.4%；页游收入 136.7 万元，客户端游戏收入 934.8 万元。其中，自研游戏收入 1.18 亿元，占比 70.7%；代理游戏收入 4893.4 万元，占比 29.3%。

蓝港互动透露，收入增加主要由于今年 1 月成功推出全新自主开发手游《蜀山战纪》。此外，期内毛利为 8268 万元，上升 61.97%，毛利率为 49.6%，毛利增加主要是来自自研游戏的收入占比有所增加。

从现在的情况来看，蓝港之前几次大动作证明，蓝港不仅注重在移动游戏领域里发展，还注重打造游戏内容，并将游戏内容作为 IP 进行泛娱乐运作。这也是蓝港上市之后受资本影响而做出的改变。

蓝港的这种改变其实就是如今游戏行业的一个缩影，目前游戏市场竞争激烈，所有的游戏公司都在寻找新的突破口，以便能够在未来的竞争中站稳脚跟。

代理发行，降低市场风险

2014 年 3 月，蓝港的 3D 卡牌游戏《神之刃》上线，这是继格斗游戏《王者之剑》和 3D ARPG《苍穹之剑》大获成功之后，蓝港打造出来的"第三把剑"，同时，《神之刃》也标志着蓝港开始了自己代理发行之路。随着市场游戏数量快速增加，不少手游开发公司开始从自研转型为代理发行。

那段时期，手游行业发行远比自研游戏更具有市场机会。因为自研一款新游戏所需要投入的精力，足够代理 10 款新游戏了，相比之下，代理成功的效率远远高于自研。自研游戏所承担的风险也较大，而代理发行游戏，只要了解市场，有渠道资源就足够了，这些条件那些曾经自研的公司都可以满足，所以代理发行成为一个不错的选择。

不过蓝港在代理发行的同时，依然保留着自研游戏的业务，自研依然是游戏公司的硬实力。

打造大 IP

蓝港互动的廖明香总裁在《从大 IP 泛娱乐看蓝港互动的研发和发行》中，谈到蓝港互动的企业策略，以及如何推行大 IP 泛娱乐。笔者从廖明香总裁的演讲中，总结出蓝港互动企业战略的几大特征（如图 1-7 所示）。

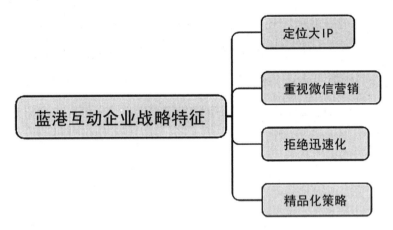

图 1-7　蓝港互动的企业战略特征

特征 1：定位大 IP

在谈到企业定位时，廖明香说："大 IP 泛娱乐是蓝港在去年和今年很重要的一个关键词。我们的关键点是落在蓝港游戏的研发和发行。我借助冷笑话和 IP 的组合跟大家做一个阐释。这是'十万个冷笑话'的产品表现，我们在 3 月 18 号正式上线，上线一周获得非常好的三榜的成绩。大家知道 App Store 的三榜相对来说上升到一定的高度非常难。"

"但是，在我们上线一周的时间里分别取得了三榜前十的成绩，让我们非常欣喜。同时在 DIU 一直保持在一百多万元，这也是蓝港第二款破百万元的产品。这个成绩让我们非常欣喜。每年达到新高时，公司都会开香槟庆祝，各种 Happy。但是，那次我们很冷静。我估计下一次可能希望奔着 200 万元的 DIU 去做了。"

如今，作为游戏公司想要规避风险，打造自主 IP 似乎是一个非常高明的方法。因为一个 IP 的发展方向可以有很多种，一条路走不通再换另一条，从这点看 IP 就有了较大的成功概率。如果确实是这样，那么今后大部分游戏公司都会将精力放在 IP 的打造上，这种发展方向也可能成为未来游戏公司的主流方向。

但需要注意的是，如果看到别的自研游戏公司转型做发行代理，你也跟风去做，却并不一定能够成功，而你如果去做影游互动，或许话题、内容刚好都符合当下市场需求，那就成功了。这些都是市场中的不确定因素。大家争相去做 IP，结果怎么样并不好说。

出现这些情况主要是因为手游市场以产品为主，有非常多的不确定性。规模再大的游戏公司，如果长时间没有新的突破，也有可能被后来居上的小公司击倒。这就是最现实也是最残酷的市场规律。

特征 2：重视微信营销

蓝港娱乐进入微信营销的时间也非常早，现在它的微信公众号和服务号的订阅量已经达到 150 万。

廖明香对此表示："另一个值得关注的是我们在微信的公众账号，我们可能是行业内比较早做手游的微信公众账号及服务号这一块的。从第一款产品开始，我们非常在意微信的公共账号及服务号的建设。现在客服

50%的服务量都来自微信的服务号，这是一个非常方便与用户进行沟通、以及帮他们提供服务的方式。我们平常在活动中也好，宣传推广中也好，很在意对公众号的建设。所以，我们在十万个冷笑话上线一周多的时候，公众号的关注就突破了70万人次。

"蓝港的七款产品，整体达到150万以上的微信公共号的订阅量。这其实也从侧面说明游戏粉丝对产品的真正认同。假如他对你的产品没有兴趣，取消是非常容易的。但是，为什么在长达几年的时间里，整个微信公众号的数量一直在持续上升？说明蓝港用户确实有了一定的忠诚性。"

特征3：拒绝迅速化，花长时间打磨产品

宁可多花时间也要打造精品，这是蓝港对做产品的态度，他们的优势也在这里。在谈到如何策划游戏时，廖明香说："其实我们做游戏产品的时候，会碰到非常多的IP的所有权人与我们谈合作，大部分会遇到这样的情况。比如，我们今天谈过一个非常有名的网剧，它的所有权人跟我们提的要求是：你能三个月出版本吗？六个月上线运营吗？我们说这个肯定做不到，如果只是拿一个产品简单地换一个皮，可能不需要半年，三个月就可以商业化了。但凡遇到这种IP合作所有权人，我们的态度是拒绝。简单换皮的标准并不是我们对IP的理解。我们做《十万个冷笑话》的时候也有几个幕后故事可以跟大家做分享。

"我们在2012年把《十万个冷笑话》的IP签下来了。2013年花了大半年的时间，与我们的研发方包括蓝港的产业运营方，一直在讨论这个IP可以做一个什么样的产品，应该怎么做？我们推翻了一版又一版的设想和方案，研发方对此也非常感谢。如果你急于上线，我们恨不得你赶紧收钱，我们有巨大的经济压力和产品压力，所以《十万个冷笑话》

真的花了非常多的时间，源于我们整个团队对它的精神内涵的理解。"

能够耐得住寂寞、担得起压力，花长时间打磨产品，是蓝港成功的一大因素。

特征 4：精品化策略

从蓝港最早的三剑，再到如今火爆的《十万个冷笑话》，蓝港始终如一坚持着精品策略，内容娱乐化、业务平台化、市场国际化：蓝港一定要做精品。用廖明香的话讲："我们一直在努力，但是我们的方向和宗旨会一直不断变化，不管怎么样，我们始终秉持精品去做。"

要做精品，就要吃透每一个品类：蓝港一定做精品，做大片。每个项目组都有自己独特的风格和方向。因为只有吃透一个品类，才有可能在这个品类上积累非常丰富的经验。

2015 年，蓝港互动的关键词是"内容娱乐化、业务平台化、市场国家化"（如图 1-8 所示）。

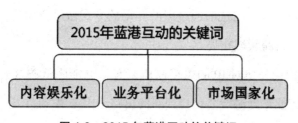

图 1-8　2015 年蓝港互动的关键词

内容娱乐化：因为游戏本身就是最大的娱乐产品，蓝港互动身处的也是娱乐产业，立足娱乐、把握娱乐就是蓝港互动坚定不移的方向。

业务平台化：蓝港的业务方向是逐渐从研发＋发行，向越来越多平台去延展。

市场国际化：国际化是每个行业每个企业的梦想。而身处游戏行业的蓝港，在这方面具备先天的优势，可以说是有得天独厚的条件。

① 开展影游互动

蓝港近两年大动作不断，先是投资了永乐票务和星美控股两家公司，然后和吴奇隆联手成立合资公司，合作研发手游，着手影游互动布局。

因为在游戏中植入明星 IP 所产生的效果很好，所以很多游戏公司都将目光放在影视上，希望通过跨界合作的方式来提高游戏的关注度，从而产生规模效应。而 2015 年《花千骨》的成功，更加坚定了游戏公司走影游互动的信心，游戏公司从《花千骨》中看到了影游互动对游戏所产生的巨大影响，而且对游戏公司的品牌及自研实力也是一种宣传。毕竟目前手游自研产品都大同小异，想要靠游戏本身取得成绩比较困难，因此，借助宣传就成为取得成绩的一个有效途径。

2016 年，蓝港互动 CEO 王峰宣布蓝港影业公司正式成立，这是他的第三次创业。在发布会上王峰说："此生，若我不做电影，一定会后悔莫及，悔得跟咸鱼一样。"蓝港影业的成立宣告蓝港正式进入电影行业，同时也进入了泛娱乐领域。与之前通过影游互动的方式做手游相比，这次蓝港互动直接开始进行跨领域布局。

如今，游戏公司对 IP 的重视前所未有。IP 能降低游戏公司所面临的风险，同时还能帮助游戏公司找到新的出路。因为 IP 是涉及多领域的，所以一个成功的 IP 可能会让游戏公司在多个领域获得成功，即使 IP 在某一领域并不成功，那么也可以转换方向，在其他领域寻求成功。

② 投资跨平台，招揽更多优秀开发者

2014 年 6 月，蓝港投资的斧子科技成立。在这一年，中国有关游戏主机的禁令解除，家用主机在中国打开了全新的市场。斧子科技正是看到了市场的前景，才选择此时进入家用主机行业。

　　游戏主机禁令的解除，也让 2015 年中国家庭娱乐市场一片大好，同时中国独立游戏也开始初露锋芒。

　　这一年多款优秀手游作品面世，这些作品的背后是一批出色的独立游戏开发者，如今传统的渠道优势已经不明显，而内容显得非常重要。内容需要优秀的游戏开发者来提供，因此蓝港互动通过多种方法招揽人才并有了不错的收获。

2.1 链接众生：庞大的亚文化人群就是泛娱乐的基础

摘要：

80 后、90 后、00 后是亚文化的主要受众，只有真正理解他们，认可他们的"意"，才能创造出有价值的东西。

如果你以过去的眼光来看待互联网时代的产业链，自然无法明白其中的关键所在，必须要保证自己不掉队，才能不被时代所淘汰。

🔍 互联网原住民的力量：庞大的亚文化人群（互联网原住民）

我国 PC 互联网发展多年，已经非常成熟，而移动互联网随着终端资费的下降及 Wi-Fi 的普及，近两年出现井喷式增长。如今大众能更方便地参与进娱乐中，娱乐已经成为大众生活中不可或缺的一部分。以此为基础泛娱乐会有很好的发展空间，娱乐商业变现也会更加容易。

在互联网中，多种不同类型的文化产品可以相互融合，泛娱乐当中的"泛"就是指的这一点。在互联网环境下，文学、游戏、影视、音乐、动漫等文化产品不再是孤立的，互联网能够将它们协同起来，以此打造一个明星 IP。

以上都是泛娱乐产生的背景，真正促使泛娱乐爆发的，还是互联网的原住民：庞大的亚文化人群。

80 后、90 后、00 后的根据地在互联网，同时他们也被认为是庞大的亚文化人群。

首先要明确一下：什么是亚文化？

亚，即第二，非主流。在过去，春晚是主流，传统形态是主流。动漫、二次元、电竞、网文，这些都是非主流，痴迷于这些的年轻群体曾被定义为"亚文化"的主要受众。

而随着 80 后、90 后、00 后的成长，他们正在成为主流，这是自然规律，也是社会规律，是人口增长带来的福利。谁抓住了现在的年轻人，谁就抓住了未来。

有庞大的亚文化人群做基础，才是泛娱乐爆发的真正原因（如图 2-1 所示）。

年轻的受众是今后的消费主力

80 后、90 后是新一代的消费主力。因为从小成长于互联网环境下，这两代消费者消费观念开放，容易接受新鲜事物，同之前的消费主力相比，他们对于文化娱乐方面的需求明显增大。

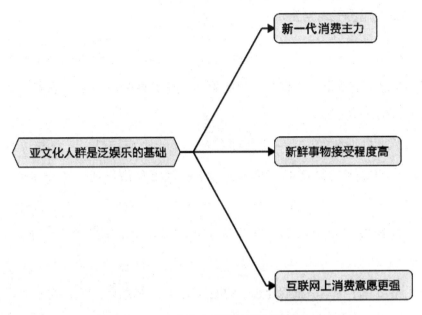

图 2-1 亚文化人群是泛娱乐的基础

泛娱乐正是在这些消费者的支持下才得以发展。

年轻群体对互联网和新生事物的接受程度更高

80 后、90 后和 00 后从小就接触互联网，互联网在他们的生活中占据重要地位。比如，他们对互联网上的新生事物非常感兴趣，他们喜欢通过网络来获取信息，而不是传统的电视或者报纸。同时这一人群大部分都是独生子女，因为没有兄弟姐妹，他们缺少同代沟通而感到孤独，通过网络能够让他们与更多的人沟通，这让他们对虚拟世界的喜爱度变得更高。

要记住，我们要的不只是现在，还有"未来的中年人 + 中产阶级"。

那些做得最成功的明星 IP 产品，无一不是紧贴年轻人的需求。

非主流正在成为主流

提起电竞选手SKY，相信绝大多数人都不陌生。虽然现在SKY已经退役，自己当起了老板，但是一提起他还是会引起很多80后对青春、对游戏的回忆。

游戏产业在很长的一段时间里都不被大众所接受，一提起游戏人们就会联想到玩物丧志、网瘾、网络鸦片等负面作用。韩国WCG的出现催生了第一批职业游戏选手。经过多年的发展，大众终于发现：原来在游戏产业中确实有职业选手存在的必要，而且发展空间还非常大。

随着SKY等老一批职业选手的退役及WCG的结束，PC端游戏的黄金时代已经过去，一个新的时代已经到来。

随着移动互联网的日益成熟及智能手机的普及，手游成为游戏中新的宠儿，有着巨大的市场。而中国是世界上移动网民最多的国家，毫无疑问，中国将会成为这个市场的主体。

韩国的WCG宣告结束之后，中国逐渐取代了韩国传统游戏强国的地位，成为电竞的主要战场。同时，电竞、游戏直播、游戏解说等一系列与游戏相关的行业都和超高薪挂上了钩，吸引无数人投入其中。

根据预测，2016年中国游戏直播观众将达1亿人次，其中有一部分观众还是消费主力，而目前这块市场还是蓝海市场。

2015年10月24日，由英雄互娱等众多游戏厂商发起的中国移动电竞联盟正式成立，成为游戏直播的利器。

英雄互娱旗下有以电子竞技视频为核心内容的英雄传媒，并拥有业内知名游戏解说，比如张宏圣(BBC)、周凌翔（海淘）等。

和 PC 互联网游戏时代相比，移动互联网时代的手游市场更加巨大，产业链也更加完整，同时也吸引了足够多的人员参与进来。

如今天价电竞主播已经屡见不鲜，年薪千万的也不乏其人，这个收入水平堪比大公司高管。

华谊兄弟同拥有完整手游产业链的英雄互娱强强联合，这情况在未来行业中将是大概率事件。

在一个前景广阔的行业中，选择继续持有才是明智之举，而不是今年感觉房地产市场有潜力，就进入房地产，明年股票市场又见曙光，转而又投股票。

泛娱乐各个产业现在处在同一辆战车上，正在疯狂地向前冲，前方的蛋糕越来越大，最后的结果就是双赢，大家都有钱赚。

如果你以过去的眼光看待互联网时代的产业链，自然无法明白其中的关键所在。但是要记住的一点就是，现在发生的种种新潮流或者新变化你可以不用立刻了解，但是必须要保证自己不掉队，不要被时代所淘汰。

🔍 《十万个冷笑话》：国民动漫背后的商业逻辑

要了解 80 后、90 后、00 后究竟喜欢什么，我们可以以《十万个冷笑话》为例（如图 2-2 所示）。

《十万个冷笑话》最早以漫画形式出现，点击量超过 15 亿。

2012 年，有妖气动漫在多方筹备下投资制作了《十万个冷笑话》的动画片，第一集在 7 月 11 日正式上线。

图 2-2　《十万个冷笑话》官网

第一集内容来自《十万个冷笑话》漫画中的哪吒篇，金刚芭比哪吒出世了。

《十万个冷笑话》动画片的第一集在新浪微博发布之后，仅仅 3 小时转发量就破万，转发热度在当天排名第一。动画视频在微博上还获得了"欧弟"等明星的转发支持。这也使得《十万个冷笑话》漫画的日访问量突破 100 万，并且荣登百度搜索风云榜 7 月榜单的第二名，《十万个冷笑话》热度指数曾一度达到 27 万。

经过互联网的发酵，《十万个冷笑话》三天内播放总量迅速突破 1000 万次，而且传播到了海外，在 YouTube 上的同期播放量，也突破 60 万次。

2013 年 8 月，《十万个冷笑话》通过网络集资、粉丝自愿掏钱支持的方式筹得了上百万元人民币，成功启动电影项目。

2014 年 12 月 31 日《十万个冷笑话》首映，仅半天票房就突破了上千万元，加上元旦当天的票房，两天收获了 2230 万元，上映三天半后，《十万个冷笑话》报收 7660 万元。

《十万个冷笑话》最终创造了一个票房奇迹，上映 24 天后统计票房为 1.2 亿元，成为 2015 年的开年票房黑马。同时成为继《喜羊羊与灰太狼》系列和《熊出没》系列之后，第三个电影票房过亿元的国产动画品牌。

《十万个冷笑话》的厉害之处在于，它还被业内人士评价为"中国电影史上第一部票房过亿元的非低龄国产动画电影"。

为什么《十万个冷笑话》可以火

我国的动漫产品不少，但是为什么《十万个冷笑话》能火，能够受到这么多年轻人的认同呢？（如图 2-3 所示）

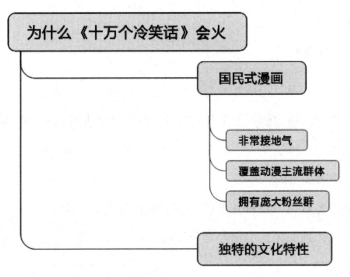

图 2-3　为什么《十万个冷笑话》会火

国民式动漫：非常接地气

《十万个冷笑话》是一个国民级动漫的代表，它既有日本动漫的特征，也有欧美漫画的一些特征，但是最重要的，还是它有中国式搞笑的动漫风格，人物也是中国传统文化中大众最熟悉的人物，这使《十万个冷笑话》

非常接地气。

《十万个冷笑话》在跨年龄段这一方面做得非常成功，刚刚推出时，它主要面向 80 后，后面慢慢增加了很多 90 后、甚至 00 后的粉丝，其覆盖的群体正好是动漫的主流群体。

《十万个冷笑话》的成功绝不是偶然，它的热度是慢慢累积起来的，它的成长经过了非常完善的各个阶段的承接，最早是漫画，然后又做成了动画、游戏。

这种完善地承接使得它的粉丝扩散得非常稳定，从漫画粉丝到动画粉丝到游戏粉丝，他们形成的是一个巨大的整体。

独特的文化特性

作为国民动漫，《十万个冷笑话》有它独特的文化属性，它的搞怪是新一代的搞怪，里面的人物多是传统文化中的人物形象：李靖、葫芦娃、蛇妖、黄飞鸿、太乙真人、哪吒等，但是他们的行为、性格，绝对是超级现代化、超级前卫的。

比如太乙真人，这种传统的仙人形象被解构成"太 2 真人"，2 和乙虽然外形上差别细微，但是含义和效果却有天壤之别，这是一种很纯、很自然的幽默感。

它的前卫，它的传统，还有它的幽默感，最终融合为现在这个 IP，所以能获得众多观众的追随和情感的认同。

要围绕这样一个 IP 做产品，最重要的是制作者要能够认同这些文化的点，并理解粉丝的需求，这样你所要表达的东西才能在情感上拉近与粉丝的距离，才有可能获得粉丝的共鸣。所以，这可能是 IP 带动粉丝的一个很重要的因素。

　　用蓝港总裁廖明香的话说："我们常常说动漫上半身是技术，下半身是艺术，左手撼动用户体验，右手撼动文化。我们自己验证了自己对动漫很多非常深的理解。艺术一定要美，技术一定要稳定，技术一定要炫，因为用户体验太关键了，右手是文化，假如没有文化做支撑，很难做到大用户量。"

2.2　打破壁垒：让我们集体狂欢

摘要：

在如今的娱乐市场中，单打独斗早已成为过去时，跨界融合电影、手游、网文、游戏和周边产品才是主流。

Facebook 创始人扎克伯格说："就像你在口袋里装了一台电视摄像机一样，任何一个拥有手机的人都有向全世界做直播的能力。"

🔍 打破壁垒：单打独斗已成为过去，跨界融合才是主流

　　娱乐行业的一个趋势是，单打独斗早已成为过去，跨界融合电影、手游、网文、游戏和周边产品才是主流。一个横跨电影、视频、手游、游戏直播和周边产品的联合体正在出现。

　　2016 年 2 月 29 日，华谊兄弟宣布已经完成对英雄互娱增发股份的认购。

英雄互娱一共向华谊兄弟定向发行27721886股，每股的价格是68.5元，一共筹集19亿资金，华谊兄弟占英雄互娱20%的股份，至此华谊兄弟成为英雄互娱的第二大股东。这次融资也是游戏领域规模最大的一次非公开融资。

一个在影视行业非常有名的电影制作公司，大手笔投资手游行业，初看上去似乎有点不务正业，但是实际情况并非如此。

电影公司如果不与网络娱乐相结合，那么这家公司是没有发展前景的。现在华谊兄弟从网络游戏获得的收入已经远超电影，电影收入只有网络游戏收入的一半，单从这方面来看，华谊兄弟更像是一家游戏公司。

有趣的是，有一家一直对游戏行业颇有兴趣的公司在华谊兄弟之前就看上了英雄互娱，这家公司就是王思聪手里的普思资本。在2015年时，普思资本就以82元每股的价格入股英雄互娱，总投资近亿元。

和华谊兄弟的价格相比，似乎王思聪亏了。

但是从王思聪的普思资本先后投的五家企业都IPO，就可以看出王思聪的商业头脑。

虽然普思资本在2015年入股英雄互娱时的价格比后来的华谊兄弟高，但是其投入的金额较少，因此承担的风险也较小。而华谊兄弟一次拿到27721886股，成为英雄互娱的第二大股东，自然能够拿到较低的价格。虽然华谊兄弟的投资金额是普思资本的19倍，但是其承担的风险却远不止普思资本承担风险的19倍。因为占用的资金越多，公司所面临的流动性风险就越大。

如果普思资本对英雄互娱的投资失败，损失的仅仅是一小部分钱，而华谊兄弟如果投资失败，可能就将自己多年积累的家当赔进去了。

不过，最可能出现的情况是，手游这块大蛋糕，参与者都能吃到，皆大欢喜，只是多赚一点还是少赚一点的差别。

乘风破浪：搭上直播式营销的大船

"就像你在口袋里装了一台电视摄像机一样，任何一个拥有手机的人都有向全世界做直播的能力。"

这是 Facebook 创始人扎克伯格在自己主页发表的看法，他还表示，人类的交流方式将会因为视频直播的出现而发生巨大的变化。

扎克伯格在接受媒体采访时曾说："直播是目前最让我感到激动的事，我已经被直播迷住了。"

互联网三巨头 BAT 一直都被看作行业的风向标，而最近两年，三巨头不约而同都开始在视频直播行业布局。

百度借助于贴吧的影响力，推出了百秀直播，非常低调地进入了直播行业。

2015 年同腾讯关系密切的龙珠直播平台上线，之后腾讯又投资了 Bilibili 弹幕分享网站、斗鱼 TV 等多家视频直播网站。

在百度和腾讯都进入视频直播行业时，阿里巴巴也没闲着，直接全资收购优酷土豆，间接入股弹幕视频网站 AcFun。

"直播式"营销时代已经到了，你做好准备了吗？

种种现象说明："直播式"营销的时代已经到来。

我们在讨论这个话题之前，先来看下面几件事情。

杜蕾斯直播事件

2016 年 4 月 26 日，杜蕾斯在 B 站、乐视、斗鱼等多家在线直播平台进行了百人试套活动的直播，其中斗鱼观看人数达到 200 万，优酷则达到 100 万，估计全网同时在线人数超 500 万。但这次直播却引发了大量争议。

网友对该直播活动评论称："一个小时搬床，半个小时采访，半个小时体操，半个小时吃水果，另外半个小时沉默，最后放了一个 ×。"

杜蕾斯的这次活动遭到众多网友吐槽，媒体也多从引发争议的角度报道了这次事件，官方也表示今后要加强监管。

罗辑思维直播事件

不仅传统企业可以采取直播式营销，新媒体也可以，罗辑思维就进行了一场饱受关注的直播。

2016 年 4 月 23 日是世界读书日。在这一天，优酷自频道上一场别开生面的读书会正在进行，这就是罗辑思维举办的"史上第二大读书会"，这场直播活动吸引了众多喜欢读书的网友的关注。在这场长达 6 个多小时的直播中，有十多位来自多个领域的知名人士给网友们推荐自己所喜爱的书。真格基金的徐小平、锤子科技的罗永浩、财经作家吴晓波等都在其中。

所有人都知道这种活动带有商业推广性质，罗辑思维对此表现得非常大方，一点都不掩饰其商业化。根据活动之后统计的数据显示，在直播期间，罗辑思维天猫店铺无论从访客数还是销量都有大幅提升，其中 90% 的用户是观看直播的网友。

小米直播：视频直播成为重要营销手段

就在罗辑思维直播读书会的那一天，在"2016 中国绿公司年会"上，小米科技的 CEO 雷军用自己的小米手机也进行了直播。当然，雷军这么做是有他的用意的，因为不久前，小米刚推出了视频直播软件"小米直播"。雷军认为，视频化将成为今后社交的一种重要方式。

从这三件事情中可以看出，一种全新的营销方式已经出现，那就是"直播式"营销！

对于直播相信大众不会感觉陌生。在互联网还没有普及、电视媒体霸占主流地位的时代，一般只有重大事件才会有直播，那时的直播并没有成为一个行业，同时也是被主流媒体所主导和垄断的。

被主流媒体所把控的直播形式缺少社会化互动，所以很长一段时间只能以一种特殊节目形式存在。而随着互联网和移动互联网的出现，"社会化直播"诞生了。

有人将社会化直播分成三个阶段（如图 2-4 所示）。

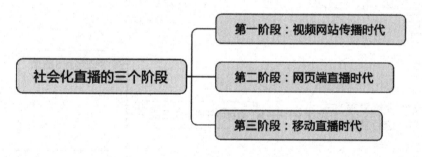

图 2-4　社会化直播的三个阶段

第一阶段：将个人视频通过优酷、土豆之类的视频网站进行传播的时代。

第二阶段：YY 直播、六间房等使用网页端进行直播的直播 2.0 时代。

第三阶段：就是如今的移动直播时代。现在直播已经发展到了随走随播的阶段。

视频之所以在最近两年被巨头公司重视，其根本原因是视频直播是一个新兴产业，发展势头迅猛，并形成了一股强大的"势能"。还有非常重要的一个原因则是，视频直播已经成为大众娱乐的重要组成部分，其用户规模已经相当大。

　　只有特别重要或者备受关注的事情才能获得直播资格的时代已经过去，如今只要你愿意，打游戏、吃饭、唱歌、睡觉等事情都可以通过平台进行直播。

　　从商业角度考虑，使用直播手段进行的营销具有方便快捷、成本低廉的特点。那么如何正确地使用"直播"的方式进行营销呢？（如图 2-5 所示）

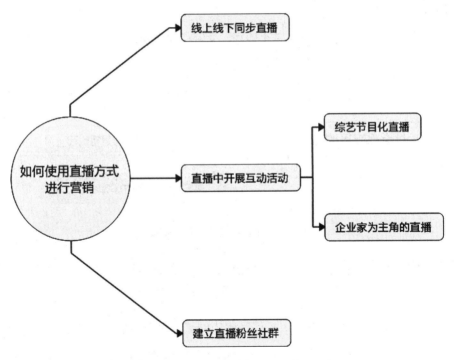

图 2-5　如何使用直播方式进行营销

①线上线下同步直播

传统企业做线下推广营销，成本高，覆盖的人群有限。而通过线上直播的方式进行营销，覆盖的人群可能是线下的成百甚至上千倍。

几百人同时关注你的营销活动，几十万人在活动期间消费，这种情况在原来是不可想象的，而直播式营销让它得以实现。

比如，很多品牌推出新品时都会开新品上市发布会，如果发布会受众仅限于现场观众，因受到场地限制，人数不可能太多。但是如果对发布会进行线上同步直播，观看人数将会大大增加。

除了新品发布会这种重要活动，一些小型的品牌活动，也可以同线上直播方式相结合。直播的平台既可以选择自己的官网，也可以和第三方直播平台进行合作；商家还可以利用直播的方式，将在多地同时举行的线下活动联合起来进行互动，这样收到的效果会被放大数倍。

②直播中开展互动活动

策划线上直播活动同策划节目有相似之处，两者相比，前者更加注重活动内容的价值。

一种直播方式是综艺节目化直播。2015年的"天猫双十一晚会"相信大家都还记得，这场由天猫和湖南卫视共同打造的大型直播活动让不少人惊叹道：原来消费＋娱乐还可以这么玩！活动期间，消费者可以选择通过电视、电脑、手机观看并参与活动，可以一边看活动，一边买东西，同时还可以玩游戏。

还有一种直播方式由知名企业家担当主角。比如，2016年4月11日至4月20日，新东方董事长俞敏洪亲自上阵，同优酷合作直播了一次长达10天的"洪哥梦游记"活动。

在直播中，俞敏洪带着网友去多个城市感受不同的民风民俗、美食奇景，并且和这些城市中的青年学子对话，关注当地一些热点问题，比如乡村教育、留守儿童等。

这种直播方式无疑是具有正能量的，而俞敏洪也算是企业家中的明星，如果换个不知名的企业家效果可能就没有那么好了。

这种"明星企业家＋正能量"的方式，非常适合现代企业做直播式营销。

这次活动无疑是非常成功的。10 天的直播过程中，在线总人数为723 万，社交平台传播阅读量近两亿次，互动评论数量突破 1000 万，每期过百万条的评论量已经超过了同时非常火爆的网剧《太子妃升职记》。

③建立直播粉丝社群：让直播建立其用户黏性

品牌可以针对粉丝创造内容，采取更具深度参与感的方式，为粉丝提供一个展示的平台，让直播平台同时成为一个社交平台，增加粉丝对品牌的黏性。

在各种社交平台上的品牌粉丝社群已经不是新鲜事物，很多大品牌都有自己的粉丝社群，其中还有很多是粉丝自发建立的。而打造直播社群平台将是这些品牌的下一步行动。

企业与直播网站合作，建立一个属于自己的直播通道也是非常好的营销方法。

网络视频直播是现代媒体的一种高端形态，它是在技术发展、市场推动及用户需求共同作用下产生的。直播现在已经成为娱乐和消费的一种方式，也是移动互联网时代的一种生活方式。

第 3 章
核心：IP！ IP！ IP！

3.1　席卷：内容为王的时代到来

摘要：

当人们的基本物质需求得到满足之后，就会转而追求精神需求，比如个人兴趣、个性化发展等，而虚拟的世界和内容可以在很大程度上满足人们的这些追求。

2013 年手游市场火爆，2014 年泛娱乐吸引了众多眼球，2015 年 IP 又成为关注点，而 2016 年及之后的市场走向会如何呢？

聪明的投资人除了要考察 IP 的价值和前景，对运营团队也要有整体的考量。

内容变现：未来的核心消费品舍"内容"其谁

《十万个冷笑话》和《万万没想到》等热门 IP 在 2015 年通过大银幕走进了观众的视野；《大圣归来》取得的成绩让国产动画电影重新找回了信心，哔哩哔哩视频网也逐步向泛娱乐进军；二次元等副文化开始受到众多研究和投资机构的关注，内容正当风口时。

如今，随着时间的变化，95 后乃至 00 后已经登上时代的舞台，这一代人成长在一个社会和经济飞速发展的时代，优越的成长环境让他们更加有自主意识和强烈的表达欲望，互联网的普及为他们提供了诸多表达方式。更多互联网公司选择了 UGC+PGC 的模式，低成本 IP 的获取不再是不可能。

从最初的粗制滥造到如今已经形成生态产业链，IP 外延越来越丰富，并且更加多样化。与此同时用户的追求也在不断地提高，技术的进步让用户有了更多的沉浸式体验，行业也因此有了更多可能性。最后，内容产业链因为产业的发展而不断变化，内容创业的方向因此也一直受到影响。

内容："互联网＋"背景下的新的核心消费品

我们所处的世界，正在从以现实世界消费为主体，向以虚拟世界消费为主体进行转变。"互联网＋"是近两年最热门的词语之一，"互联网＋"适用于所有行业，任何行业都可以通过与"互联网＋"结合而转型。

"互联网＋"，是一场新型的工业革命，它使整个产业链，都向着去中心化的方向迈进，向着数字化进军。

从个人方面来说：以打出租车为例，我们想打出租车不必在路上拦车，也不需要给出租车打电话，只需要使用手机 APP 就可以联系到车辆。在你使用手机 APP 的同时，它也会记录你的相关信息，通过这些信息了解你的年龄层次、消费习惯等，然后根据你的个人情况进行精准营销。

从企业方面来说：一个处于传统模式的企业，对于客户的信息了解非常少，不知道客户的具体情况。而通过互联网进行数据挖掘，就可以得到客户的信息。互联网同时还能有效提高企业客户管理的效率，以客户信息为基础，有针对性地对产品定位、产品价格及营销方式作出调整。传统行业因此而被颠覆，价值链也进行了重构。这是一次全新的工业革命。

"互联网+"带来的工业革命，让人们的工作效率、生产效率大幅提高，产品链得到高效整合。很多曾经由人完成的工作现在都由计算机和机器人来完成，人们因此而节约出来的时间就会被用于消费和娱乐，满足自己的精神需求。

当人们的基本物质需求得到了满足之后，就会在精神上有所追求，因而开始追求个人兴趣、个性化发展等，而虚拟的世界和内容可以在很大程度上满足人们的这些追求。

IP 风口正当时

经济的高速发展让居民的收入不断增长，随之而来的就是消费结构的升级。如今文化娱乐类消费占人们总支出的比例正在逐渐上升，文化娱乐已经成为大众的精神食粮，2014 年中国移动互联网用户 7.3 亿，有数据表明文化娱乐在其中的渗透率达到 88%，网络视频用户就占到 4.39 亿。用户的碎片化时间主要的消费内容就是移动娱乐。

IP 作为"口红经济"非常重要的一部分，在中国经济下行压力巨大的环境下异军突起。一方面，文化娱乐领域的退出通道逐步增加，高估值退出的例子已经不再稀奇；另一方面，新项目不断出现，并根据产业链的变化不断进行调整。从以太优选上线项目可以看出，在宏观经济不景气时，文化娱乐项目稍经调整就迅速反弹，增长态势明显，其中，VR 相关项目增长显著，二次元创业正在逐步走向圈子化（如图 3-1 所示）。

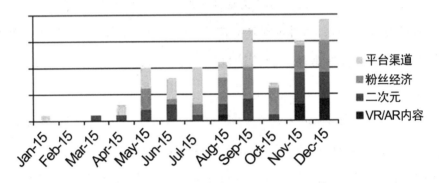

图 3-1　2015 年以太内容类项目上线情况[①]

泛娱乐火爆，众多资本进入其中，尤其是游戏领域，这两年非常强势。通过游戏行业的经营模式，能够让大家对泛娱乐概念有所了解。

游戏行业的投资与现在所说的泛娱乐投资有点类似，不仅表现在投资人的思维上，行业链条也相似：从内容 IP 到游戏 CP，再到发行、推广。不过现在游戏 CP 没多少人关注了，因为其潜在价值较小，现在我们重点来看 IP 在泛娱乐中的价值。

好 IP= 好地皮

我们可以把传统的房地产业比作泛娱乐，这样更容易理解（如图 3-2 所示）。房地产行业的地皮就是泛娱乐的 IP，假如你有一块很好的地皮，即使建出来的房子再糟糕，房价也不会低。如果你不满意仅靠地

---

① 图片来自以太优选

皮取得的价格，想要更高的价格，就需要经过一系列的精制打磨。比如，找一个好的开发商、聘请非常优秀的设计师、通过多种方式来宣传造势等。

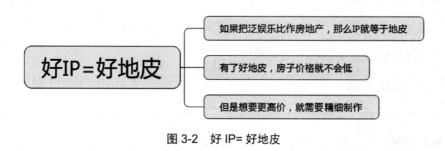

图 3-2　好 IP= 好地皮

🔍 金钱逆流：从现实商品涌入虚拟商品

我们所在的世界正在发生一场全新的经济变革：金钱正在从现实商品，涌入虚拟商品。VR 的火爆，证明了"虚拟"一词对人们的吸引力，这是一场盛大的消费转型。

不论是消费模式因为社会经济发展而发生改变，还是娱乐消费因为经济环境而得到促进，经济因素都起到了非常重要的作用。95 后、00 后不再为物质需求所困扰，强烈的表达欲望随着互联网的普及和发展获得了宣泄的渠道。

内容和产业链需要依靠 IP 作为基点，一个完整的产业链离不开好的 IP，利用好 IP，就能够使产业链的商业价值最大化。而在 IP 产生价值的过程中，需要使用泛娱乐的运作模式，他们是互相依存的。泛娱乐化的好处是，能够在这个过程中发展粉丝经济，粉丝经济会让 IP 有更高的价值。此外，IP 的创作可以采用多种方式，每种方式都有可能产生新的 IP 价值。

IP 投资向多样化、亚文化演变

内容会随着需求、传播途径及受众人群的改变而发生变化，这些正是投资人非常关注的。2013 年是手游市场火爆，2014 年是泛娱乐吸引了众多眼球，2015 年 IP 又成为关注点，而 2016 年及之后的走向会如何呢？我认为热点会是亚文化和网络生活内容。

手游的兴起是在 2012 年，当时很多人看到了手游的前景，于是纷纷涌进这个行业。没过多长时间，从事手游的人发现，不仅能够通过手游赚钱，动漫、同人和视频直播同样也能赚钱。于是资本开始从手游向外扩展，出现了泛娱乐化。与此同时，IP 所具有的价值也得到了验证，IP 领域因此也吸入了大量资金。在资金进入之后，IP 开始走向多样化，扩展到除文学和动漫之外的其他网络生活方面（如图 3-3 所示），《罗辑思维》就是一个典型的例子。

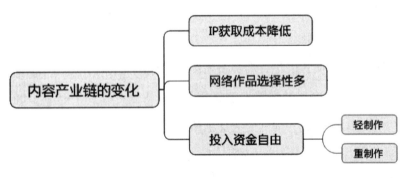

图 3-3　内容产业链的变化

如今，内容产业链也在不断发生变化：

第一，网络文学让 IP 获取成本进一步降低；

第二，网络平台较多，同时可供选择的网络作品也非常多。

最重要的是，投资者可以自主选择投入额度：IP 运营制作的优势就在于它是可大可小、可轻可重的。

轻制作的代表：平台经营，整合专业资源。比如，视频网站可以通过平台经营的方式，选定 IP 后整合导演、演员等资源，这种投入较少。去年火爆网络的《盗墓笔记》网剧，就是名 IP、轻制作的典范。

同时也有很多团队选择重金投入制作，尤其是一些超级 IP，从这个角度讲，IP 改编成电影的，都可以划入重制作的范畴。

IP 的多业态开发，也促使整个产业的周期缩短，一本原创剧本制作成电影、网剧往往需要一年以上的筹备时间，而由小说改编的 IP 衍生品，其周期短到可能只需要几个月。

内容投资中最容易被忽视的问题

现代人在娱乐上投入的金钱和时间越来越多，这让众多创业公司看到了其中的前景。

内容虽然是如今最火的消费品，但是内容投资本身却不是一进场就能挣钱，从而获得超级红利。风起云涌之下，暗藏着漩涡和杀机，目前内容投资还存在很多问题有待解决。

在内容投资过程中，会出现的问题有很多（如图 3-4 所示）。

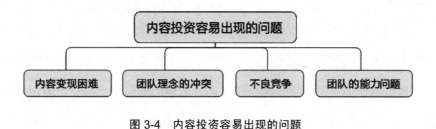

图 3-4　内容投资容易出现的问题

内容变现困难

有了好的 IP 还不够，如何获得渠道？商业化的东西应该如何植入到产品当中？这就需要商业化、产品化的思维。这对于投资人来说非常重要。

制作过程中团队理念的冲突

很多团队都被这个问题所困扰。内容离不开创作，然而从事创作的人很多都有自己的个性。当一个团队打造一个产品时，如果成员的理念相互冲突，那么就很容易失败。

不良竞争

现在 IP 的价格虚高已经成为一个不争的事实，但是笔者并不觉得这是一个问题。泡沫对一个行业来说不一定是坏事，因为有了预期才会出现泡沫。

但是，如果大家都热衷于高人气的产品，一窝蜂地去争抢，就会在无形中形成不良竞争。另外，每年的高人气产品也就几十个，而同类产品却有成千上万个，过分地热衷于此对于产业的生态非常不利。

团队的能力问题

泛娱乐行业正在从青涩走向成熟，投资人也越来越重视运营 IP，这时运营团队的能力和价值就显得非常重要。一个团队运营 IP 的能力是影响投资人做出选择的重要因素。运营团队如果能够向投资人证明自己运营 IP 的能力，从最初的 IP 打造到最后变现都能够很好地做下来，就更容易获得投资人的信任。

反过来讲，聪明的投资人除了要考察 IP 的价值和前景，对运营团队也要有整体慎重的考量：如果运营团队能力不佳，或者团队基因与 IP 价值不符，最后变成明珠暗投，也是非常有可能发生的。

3.2 形态：以内容为核心，多种文化形态

摘要：

文学、漫画、电视剧、电影、游戏等处于完全割裂或者偶尔有所融合的时代已经过去，各产业正在快速地联合在一起，而将不同产业联合在一起的核心就是 IP。

网文改编成游戏是最火爆的模式，也是发展的趋势之一，不过游戏和网文始终是两个不同的领域，要跨界融合，有优势，也有问题。

🔍 同一明星 IP, 多种文化形态

优质 IP 在娱乐市场的重要性

我们所说的泛娱乐主要涉及的领域是文学、漫画、电视剧、电影、游戏等，从泛娱乐产业链的发展来看，一些处于完全割裂或者偶尔有所融合的产业正在快速地联合在一起，而将不同产业联合在一起的核心就是 IP。

IP 主要来源于网文或者动漫，增加 IP 影响力及扩大粉丝群体则是

通过 IP 视频化来实现的。这里的视频化指的是动画化或是网剧化，而 IP 想要变现一般是通过游戏或者电影的方式进行。一个 IP 的价值高低可以通过其改编的手游、电影票房的收入及改编的网剧的受关注度来体现。

IP+ 手游：已进入红海市场，小型创业公司几乎没有机会

我们从 App Store 游戏类别的排行榜中可以发现：位于排行榜前列的游戏公司都具有一定的规模，比如老牌传统手游公司腾讯游戏、网易游戏等，比如最近几年悄然崛起的新一代游戏公司乐元素、蓝港互动等，而小公司的身影则很少看到。同小公司相比，具有一定规模的大公司无论在产品研发、市场推广还是商业运营等方面都有非常大的优势，这些优势让公司盈利能力有了很好的保障，小公司很难与其抗衡。同时，一些小型创业公司只开展了开发业务，而且开发内容也非常单薄，没有议价的能力，经营状况不容乐观。

我们继续看 App Store 游戏类别的排行榜（如图 3-5 所示），在排行榜前 20 名的游戏中，有 40% 是基于知名 IP 开发出来的，IP 所具有的价值在游戏行业中得到充分体现。部分有实力的游戏公司已经开始向产业上游发展，发展的重点是寻找适合手游行业的优质 IP。比如蓝港互动推出的《十万个冷笑话》和《甄嬛传》的手游，而昆仑万维则选择投资国内有名的 IP 增值服务平台和力辰光，进行向产业链上游延伸的布局。

IP+ 电影：优质 IP 是影响电影票房的重要因素

梳理一下近两年国内外的电影票房排行榜，从中可以发现：在高票房的电影中，有一半以上是基于已有 IP 改编的，这些 IP 主要是漫画或者小说。

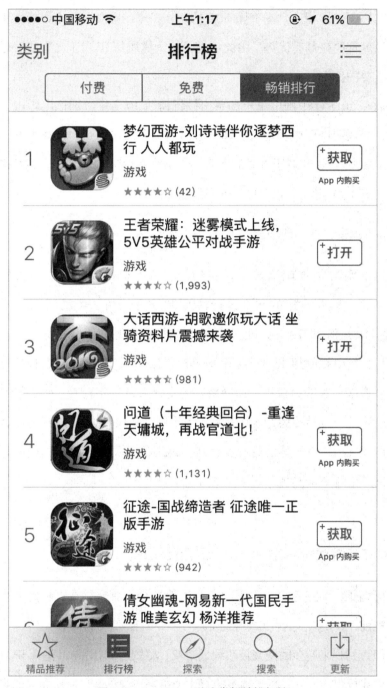

图 3-5　App Store 游戏类畅销排行榜

与原创电影相比，基于优质 IP 所制作出来的电影，无论影响力还是大众关注度都明显具有优势。由此可见，一个优质的 IP 对于电影票房起到了非常重要的作用。

而在 2015 年中国电影市场票房排行榜前 10 名中，国产电影占了 7 个名额，这表明中国电影迎来了属于自己的黄金时代。在这种背景下，我们结合上面所说的 IP 对于电影的重要性，不难看出：未来只有能够发掘和运营优质 IP 的影视公司才有更好的发展机会。

IP+ 网剧：热门网剧超 50% 改编自名 IP

网络剧同样和 IP 有着非常密切的联系。根据优酷和爱奇艺平台提供的数据，最受欢迎的网剧排行榜前 20 名中，近一半的网剧改编自知名 IP。IP 来源既有小说，也有游戏、电视剧及其他形式。

与传统电视剧相比，网剧 IP 更具拓展性。在互联网时代，传统电视剧的受众有限，影响力较小。而网络剧的受众人群是年轻人，所以其内容更具有娱乐性，容易传播，这让其具备了很好的拓展能力，在改编进入游戏、电影产业之后，其价值能进一步提升。因此在网络剧产业中，优质 IP 的挖掘及向其他领域的延伸值得重点关注。

网文与游戏跨界融合：先天优势起点高

近两年，游戏业界最火爆的一个词就是 IP。其实早在大量网文被改编成影视前，IP 这个词就已经出现了。

但直到越来越多的网文被改编成游戏，大家才开始注意和追捧 IP。现在，随着游戏行业的发展，越来越多的游戏公司争相购买 IP，纷纷布局泛娱乐。

这股热潮，从 2007 年《诛仙》开始，到《大主宰》《花千骨》已非常火爆，到 2015 年的《琅琊榜》达到了巅峰。

虽然网文改编成游戏是最火爆的模式，也是发展的趋势，不过游戏和网文始终是两个不同的领域，要跨界融合，有优势，也有问题。

网文和游戏的区别：网文周期长，游戏周期短。

网文往往要连载两三年，它是一个长周期的创作行为；而游戏（包括手游）却不然，传统的游戏都是短周期产品。

为什么周期差别这么大，还能融合出最佳效果呢？

因为网文和游戏，其实有着相同的基础。

故事性和趣味性是核心价值

网文是想象力的产物，一定要有故事性。

游戏的基础是趣味性和合理性，一款游戏有它自己的运行规则和世界观，和网文的相同之处是，都会使用户心中产生一种满足感。

另外，网文和游戏的核心元素也是一致的：都是流行元素的体现，吸引的大都是年轻人。同时，网文和游戏一样，拥有主角的能力增长体系和一套适配的升级路线。

先免费再付费的商业模式

网文和游戏的商业模式其实非常相似，都是经过一段时间的发展才形成了趋向成熟的商业模式。

网文的商业模式确立在 2003 年，起点中文网在这一年推出了网文 VIP 收费制度，这个制度奠定了之后十多年网文的主流商业模式。

而游戏也是如此，最初是计时收费（《魔兽世界》现在还在沿用这种模式），现在绝大多数都开始了道具收费，摒弃了点卡后，开始道具收费，其制度和思路与网文的 VIP 制度相似：都是用免费来吸引用户，培养其好奇心和忠诚度，到一定程度再收费。

这种免费模式衍生出来的收费模式，能够很好地降低用户的抵触感，也被大多数人所接受。

同样的受众

调查数据显示，网文和游戏用户重合度非常高：喜欢玩游戏的人大多也喜欢阅读网文，有阅读网文习惯的用户，也更愿意成为游戏的付费用户。

以上因素，共同形成了网文改编成游戏的基础，另外，网文改编成游戏还有其不可替代的优势。

阅文集团的朱靖在《网络文学与游戏跨界融合的优势与误区》中谈到过网文 IP 改编成游戏相对于普通原创游戏的优势（如图 3-6 所示）。

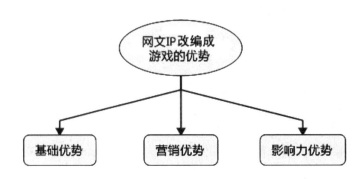

图 3-6　网文 IP 改编成游戏的优势

基础优势：网文的世界观建立了游戏产品的基础

借用网文的世界观和主角的升级路线可以更好地建立游戏产品的基础，节省游戏的制作成本和制作时间。每一个行业在成长过程中都会遇到瓶颈，游戏行业也是如此。国内游戏行业遇到的最大的问题就是创新性不足，无法维持它的热度。而精品的 IP 是内容的王者，浓缩选取其中的精彩剧情，可以提升游戏的人机交互性。挖掘并提取其中的增长体系，可以增强游戏玩家的互动性。比如 2016 年推出的《莽荒纪》，《莽荒纪》的世界观我们可以了解一下，它初始是一个神界，盘古开天辟地之后变成三界，即仙、妖、人，神魔入侵失败、蛰伏，三界展开。这款游戏从玩家的视角，融合了小说中提到的各种武器、武功，复制了小说的武者系统，根据小说的设定制作了掠夺和竞技系统。

营销优势：网文的 IP 效应节省了游戏的营销和推广成本

网文的 IP 效应节省了游戏的营销和推广成本。游戏行业获取新用户的能力越来越弱，成本也越来越高。一款新游戏如何在短期内提高其知名度，打开市场呢？一款游戏，其营销费用往往上千万元，而网文本身就具有品牌效应和强大的次传播能力，不需要高额营销费就可以将网络 IP 衍生品的潜在用户转化为游戏用户，促使其成为游戏初期的主力军。

以《莽荒纪》为例，《莽荒纪》2012年开始连载，历时两年半连载结束。最高的时候，百度指数达到180万，在两年半的时间里，平均的百度指数也有86万，在起点中文网的点击有600万次，而起点中文网的点击量只是全网阅读数据的一部分。百度搜索《莽荒纪》有400万条链接，绝大部分是盗版。如果说加上盗版平台的阅读量，它影响的受众绝对是一个非常庞大的数据。

在网文有这么多粉丝的基础上，游戏是怎么运作的呢？在2013年小说还在连载的时候，游戏公司推出了同名的手游，此时其热度和受众是非常活跃的；在小说完本当月又推出了同名的页游，次月推出了手游的第二个版本。完本之后热度会稍微下降一些，游戏公司认识到了这一点，于是主要通过三种方式吸引粉丝：粉丝之间"病毒式"传播、作者宣传拉粉、线下粉丝群集中营销。

影响力优势：网文 IP 所衍生的
全产业链扩大了 IP 的影响力

每一种IP都有潜在的用户和泛用户。潜在用户比较固定而且忠诚度高，但是数量远远没有泛用户庞大。能否抓住这些泛用户，关系到能否最大限度地挖掘用户价值。如何抓住泛用户呢？IP衍生全产业链就是答案。

同样以《莽荒纪》为例。《莽荒纪》目前推出了页游、手游和漫画，已经有一批受众了。但它借鉴《花千骨》的影游联动模式，又推出了电视剧项目，以此吸引电视剧用户，以延续《莽荒纪》的人气度，为其开发其他产品积攒人气。还有 2016 年非常火爆的《花千骨》，其在 2014 年开拍的时候就通过一些话题吸引了大量粉丝。在电视剧上映之后，百度关注度不断上升，游戏上线后，百度指数最高达到 380 万。它的游戏单月流水最高达到两亿元，取得这样的成绩也是其吸引了泛用户的结果。

3.3　领悟：泛娱乐的核心是 IP，IP 的核心是……

摘要：

IP 的核心是情感的驱动，优质 IP 的故事要有能打动人的情感内核，在 IP 的产生和孵化过程中，网友、粉丝也能够对其产生极大的情感。

如果在挑选 IP 阶段就不加以选择，那么之后迎来的决不是 IP 的繁荣，反而可能是 IP 的泡沫。

🔍 IP 的核心：故事情节驱动的情感

豆瓣这些年出了不少 IP，有许多热门直播帖被购买了影视版权，比如，《我的朋友陈白露小姐》被改编成了网络剧、《一男三女合租记》被改成了电视剧、火爆的《与我十年长跑的女朋友就要嫁人了》被金牌监制陈国富选中，买走了电影版权。

2009 年，豆瓣有个火爆全网的直播帖子：网友大丽花在豆瓣写下了和男朋友吵架分手及分手后的全过程，这就是她的失恋日记《小说或是指南》（如图 3–7 所示）。

图 3-7　日记《小说或是指南》

这种真实的情感经历，打动了很多人，这种直播方式，也让人有代入感。

这个帖子越来越火，围观党也越来越多，非常多的豆友在追着看，它甚至成为豆瓣当年的标志性事件之一。

后来，这个 IP 改编成了电影，就是大家耳熟能详的《失恋 33 天》，导演是擅长爱情题材的滕华涛，最终创造了票房奇迹。

2011 年，这部根据豆瓣小组直播帖《小说或是指南》改编的电影《失恋 33 天》（如图 3-8 所示）终于上映了，上映日期选择在颇具象征意义的 11 月 11 日，双 11 最早的含义可不是购物节，而是光棍节。

爱，就疯狂 不爱，就坚强

love is not blind

失恋 33 天

2011.11.8

图 3-8　电影《失恋 33 天》海报

一部关于失恋的电影，在光棍节这天上映，而且是热门 IP 改编的。电影上映当天，很多追过豆瓣帖子的人去看电影了，豆友们无须号召，自发响应支持。

《失恋33天》虽然是低成本制作，但是却创造了票房奇迹：总票房达3.2亿元。《失恋33天》使电影人第一次有了光棍节档期的概念。

2012年，作者鲍鲸鲸（大丽花）凭借《失恋33天》拿下了金马奖的最佳改编剧本奖，同时也是金马奖有史以来最年轻的最佳编剧。

有很多豆瓣网友，一边看金马奖的视频直播，一边在网上发帖刷屏，一起见证奇迹。

这种感情，对于很多网友来说，就好像自己参与栽种的小树长成了参天大树，在参与的过程中已经付出了情感。

这就是为什么说IP的核心是情感的驱动，优质IP的故事要有能打动人的情感内核，在IP的产生和孵化过程，网友、粉丝也能够对其产生极大的情感的原因。

黄金IP：能够给粉丝带来情感上的寄托

阅文集团副总裁张蓉说："在我看来，一个IP被称为黄金IP，有一个共通的因素，这个IP能够给它的粉丝或者用户带来强烈的情感上的寄托和关系。一个IP之所以能够成为黄金IP，因为有很大反响，情感方面给用户各种联系，让用户产生很多互动。好的IP不仅限于是一个文学作品，可能是文学，或者是游戏，或者是动漫，或者是虚拟的，或者实体存在的物品。我给黄金IP的定义是一定要有庞大的粉丝群，同时要能够给粉丝带来持续不断的情感上的联系。"

比如，火热的IP《西游记》，主角孙悟空可谓IP中的超级巨星，为什么？

第一，孙悟空这个人物，他自身的故事就能使人们产生共鸣。

第二，孙悟空是所有人的童年回忆，电视剧《西游记》、电影《大话西游》、动画片《大闹天宫》是人们童年生活的一部分。所以关于《西游记》这个 IP，关于孙悟空这个 IP，只要出作品，不管多差，都能吸引广泛的关注。

IP 有毒：IP 改编背后暗藏的杀机

能搅起巨大声浪，就意味着 IP 能赚得盆满钵满吗？

当然不是。

盲目迷信 IP 是不对的：有的投资者盲目追求 IP，毫无选择地看见 IP 就买下来，甚至囤积 IP——这些都是不明智的做法。

如果在挑选 IP 阶段就不加选择，那么之后迎来的绝不是 IP 的繁荣，反而可能是 IP 的泡沫。

网文改编 IP 时有一些看起来很美的陷阱（如图 3-9 所示）。

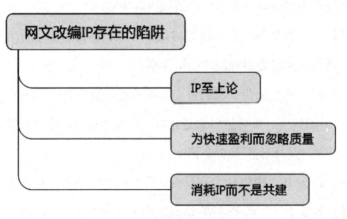

图 3-9　网文改编 IP 存在的陷阱

陷阱 1：IP 至上论

有人认为有了 IP 就有了广大用户，有了 IP，留存率就会高，有了 IP

就等于有了巨大的聚宝盆。这些都是想当然的想法。

有IP不等于有用户，因为IP的核心是情感的驱动，所以，只有你的IP改编符合受众的要求，符合他们情感的需求，你的产品才有可能得到他们的认可。

陷阱2：只想快速盈利，而忽略了产品的质量

想要长治久安，首先要摒弃急功近利的态度，以作品为主，定位泛娱乐，以大格局来定位，以工匠精神认真打磨，才是正确的态度。

在眼下的IP改编热潮下，市场正在变得浮躁，大量资本涌入，并渴望立刻见到回报，这种只想快速盈利的想法等于赌博。

以IP改编的游戏为例，IP固然能帮助我们吸引用户，但是用户来了，他会留下吗？他会留多久？

这些是由什么决定的？

最终还是由最基本、最传统的游戏内容决定。

游戏的可玩性如何、数值设置的是否合理、运营活动是否丰富是否引人入胜，这些都决定着游戏用户的留存率。

要避免陷入这些陷阱，我们首先要做的就是尊重IP，认真去做产品，改编IP要名副其实，最可怕的就是盛名之下其实难副，用户不是傻子，最终产品的质量决定了他们是否会留下。

很多人购买IP，囤积IP，却没有深度挖掘IP，他们采取的是暴力改编IP，未经打磨就上线，而IP的原始粉丝是不会认可这种改编的。

IP可以带来粉丝，但是产品本身的质量决定了用户是否愿意留下。

因此游戏能不能赚钱，能不能被认可，更多取决于游戏本身的设计和运营。

陷阱 3：消耗 IP 而不是共建

我们购买 IP，为的是运营它，使它的价值变得更大。在关于漫威模式那一节中，我们已谈到让共建价值取代挖掘，而不是一味地消耗 IP。

围绕 IP 产生的产品，都只是 IP 的衍生物，不要让衍生产品透支 IP 的生命。

在追逐 IP 的过程中，要选择那些经得起时间考验、真正具备价值、有情感内核、真正能引起共鸣的 IP，这种 IP 对未来的经营才是有保障的。

同时，不仅要注重 IP 的早期价值养成，也要注重 IP 后期价值开发的过程。

每一步都不松懈，才能打造出好的 IP 作品。

中汇影业创始人侯小强说："超级 IP 不是静态的文字，而是动态的发展过程。"

真正的超级 IP，你会看到它默默无闻走入大众视野，会看到它从二次元到三次元，会看到它不断生长，不断变得更有价值。

在当前影视 IP 大热的情况下确实存在不少机会，放眼望去，市场前景也一片大好。但是如果将注意力过多地放在机会包裹的利益之上，那么即使拥有再多的机会，也可能成为泡沫一触即碎。

泛娱乐营销：风口·蓝海·运筹

【蓝海篇】

在泛娱乐的蓝海中乘风破浪

第4章
娱乐＋文学：兵家必争之地

4.1 网络文学，激战正酣

摘要：

在互联网行业中，网文对于 IP 运作起着至关重要的作用，因为目前中国 IP 创意的一大来源就是网文。

网络连载已经不是网文赚钱最好的途径了，但是想要作品有更好的发展前景，网络连载仍然是重中之重。

🔍 天下网文大势分析

网文是中国 IP 创意的一大来源

在互联网行业中，网文似乎并不怎么引人注意，但是它对于 IP 运作起着至关重要的作用，因为目前中国 IP 创意的一大来源就是网文。

网文先是同网游行业合作，然后逐渐发展到页游行业。而随着移动互联网时代到来及手游的崛起，网文更是声名鹊起。优秀小说 IP 被众多娱乐公司争抢，其热度从方想的新书《五行天》刚开头就得到 800 万元游戏改编版权费就可以看出来。

在受到游戏行业重视的同时，网文还受到影视剧的重视。近几年的热播影视剧《琅琊榜》《花千骨》《盗墓笔记》等作品都是改编自知名网文。2015 年上映的《寻龙诀》和《九层妖塔》两部电影都改编自非常有名的网络小说《鬼吹灯》。2015 年中国电影总票房为 440 亿元，而这两部电影的票房加起来就已经超过 23 亿元。网文是中国 IP 创意的一大来源已成为一个共识！

网文市场中最大势力：阅文集团

在网文市场中，2015 年 1 月成立的阅文集团目前处于一家独大的状态，无论是平台、内容，还是品牌运营、收入等都领先于市场其他网文公司。

阅文集团将原来盛大文学和腾讯文学旗下的网站进行统一管理和运营，其中包括起点中文网、创世中文网、小说阅读网、潇湘书院、红袖添香、云起书院、QQ 阅读、中智博文、华文天下等众多知名品牌。

统计数据显示：阅文集团月度覆盖总人数已经超过了 6000 万，而它的竞争对手百度和阿里巴巴两者相加起来也不到 4000 万。

在这里，掌阅文学是需要单独拿出来说的，因为掌阅文学通过自己的APP，占据了移动端市场较大的份额，占有率达到了 34%，长期处于同类APP 第一的位置（如图 4-1 所示）。

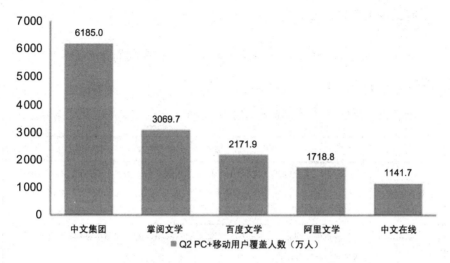

图 4-1　2015 年第二季度网络文学企业 PC+ 移动端平均阅读覆盖人数

　　而从集团运作上来说，阅文集团接手盛大文学之后，在对优秀作者进行包装及打造优质 IP 上有了非常大的优势，再加上同"腾讯电影 +""腾讯动漫"等腾讯的泛娱乐业务平台进行合作，阅文集团的泛娱乐战略更加容易实现。

　　目前阅文集团一共拥有 300 万册图书，每年的收入接近 20 亿元。无论是图书册数还是年收入金额，都是其他网文公司无法企及的。

　　大多数网文平台只有几十万册图书，比如掌阅有 35 万册图书，移动阅读基地的图书在 40 万册左右。收入方面除了移动阅读基地年收入较高（模式同其他平台有所区别，不具备可比性），其他网文平台的年收入都在几亿元左右。

　　虽然 QQ 阅读只占市场份额的 20%，低于占市场份额 34% 的掌阅，但这只是移动端阅读市场份额占比，没有包括 PC 端，而且 QQ 阅读只是腾讯阅文集团的自由平台之一，起点中文网及其他属于阅文集团的平台并没有在图 4-1 中体现。

网文各大势力介绍

当前网络文学已经成为 IP 主要来源之一，现在我们就来了解一下网络文学的各大 IP 制造商。

位于第一梯队的主要成员有创世中文网、起点中文网（见下表）。

第一梯队	
创世中文网	创世中文网属于阅文集团，是 2013 年成立的新网站，有腾讯在各方面进行支持，发展状况良好，目前受到阅文集团的重点关照，正在进行造星及扶持网文大神的计划。
起点中文网	起点中文网属于阅文集团。老牌网文网站，国内最大文学阅读和写作平台之一，拥有大量的优秀作者。

位于第二阶梯的主要成员有纵横中文网、中文在线、掌阅文学、阿里文学（见下表）。

第二梯队	
纵横中文网	纵横中文网属于百度，掌握的优秀作者资源仅次于起点中文网，加上有百度的支持，以及原本属于完美世界的背景，无论是在渠道还是游戏方面都有不错的资源。但是因为早期采用过重金挖作者的做法，目前缺乏新生代的优秀作者。
中文在线	中文在线的特点是作品类型非常全面，并且和各大出版社有密切合作，在实体书出版方面有自己的优势。2015 年初在深圳交易所创业板上市。中文在线主要追求优质内容的打造，男女频道实力均衡，因此也导致单方面拿出来并不突出，以至于与潇湘书院、晋江原创网等偏重女性频道的网站相比还有一定的差距。但是男性频道每年都会有优质作品出现，都市、玄幻题材都有涉及。
掌阅文学	掌阅在 2015 年成立了掌阅文学，开始致力于原创文学的发展，但是目前还没有优秀作品出现。原因一方面是因为成立时间较短，需要一定的时间；另一方面则是因为在政策上还有一些问题需要调整。其实现在掌阅文学已经有一定数量的优秀作品，但是在对作品的推广和包装上还有所欠缺，这方面阅文集团明显做得较好。
阿里文学	阿里文学和书旗小说、UC 书城组成了阿里移动阅读业务的主要部分，它的建立对外宣布为了做原创文学，可是目前来看，还没有大动作。但是阿里文学背后的阿里巴巴有着巨大的影响力，崛起指日可待。

位于第三梯队的主要队员有晋江原创网、红袖添香、潇湘书院、塔读文学、看书网、磨铁中文网、幻文小说网（见下表）。

第三梯队	
晋江原创网	晋江原创网是有盛大文学旗下的一员，但是在腾讯收购盛大文学时，因为种种因素，其并没有被纳入阅文集团。其作品偏女性方向，2015 年最为火爆的超级 IP《花千骨》就出自这里，中国出版的言情作品当中，一度出现晋江原创网一家独大的情况，超过 80% 的版权都是来自晋江，而如今大多数影视剧 IP 也来源于此类。近几年晋江作品方向有所改变，耽美及腐女类作品成为主流，这让它的作品在政策上处于不利的位置，但是也正因为这样，晋江原创网有着数量众多的忠实用户。
红袖添香	红袖添香属于阅文集团。网站作品偏向女性频道，题材以总裁文、都市文为主。被改编成影视剧的作品有《纸婚》《盛夏晚晴天》等，但是在与游戏结合的道路上还处于摸索阶段。
潇湘书院	潇湘书院属于阅文集团。在以女性作品为主的网站中独树一帜，作品多为女强文。其作品《傲风》《天才儿子腹黑娘亲》等有着非常高的人气。潇湘书院的作品有着强烈的女强风，在架空、女性、玄幻中处于一家独大的状态。该站作品和游戏的结合度比较好，但是在影视方面较为弱势。
塔读文学	该站曾经在阅读 APP 市场中有不错的成绩，也有不少优秀作品出现，但是在兴盛过一段时间之后，网络文学市场开始有了较大变化，在竞争中该站没有得到多少优秀作者资源，也面临缺少新生代优秀作者的问题。而采取重金挖来作者的方式成本过高，无法保证引进作者的数量。
看书网	2013 年被人民网以 2.48 亿元的价格收购。看书网在移动端比较有优势，拥有一定数量的用户。同时凭借早期布局引进了很多优秀作品，使得在男女频道领域均有不错的 IP 储备。但是因为自身实力的欠缺，当前其收入来源主要依靠第三方平台与运营商。
磨铁中文网	磨铁中文网在中国民营图书领域算是行业巨头了，在出版界有着巨大的影响力，同时手中也有非常多的大神作者，比如《盗墓笔记》作者南派三叔、《明朝那些事儿》的作者当年明月、《诛仙》作者萧鼎等。但是出版和数字阅读有非常大的差别，如何进行转变，磨铁中文网也在不断地摸索。
幻文小说网	2015 年凯撒股份以 5 亿多元的价格将其收购，被收购时幻文刚成立两年时间。在这两年时间里，幻文准备了一批优质的 IP 资源，也尝试与游戏公司进行合作。但是幻文面临缺少新鲜 IP，以及缺乏粉丝用户的困境，凯撒的收购为其添分不少。

🔍 唐家三少 1.1 亿元再登富豪榜

2016 年 3 月 25 日，第十届作家榜之网络作家榜正式发布，唐家三少以 1.1 亿元的总收入摘得桂冠，连续三年位列网络作家富豪榜的榜首。

客观地说，唐家三少的小说并非超凡脱俗，但在一众大神之中，为什么偏偏是唐家三少登顶呢？

或者说，在网文大军中，要获得商业上的巨大成功，有什么秘诀呢？（如图 4-2）

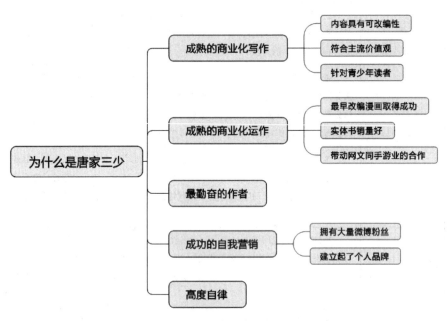

图 4-2　唐家三少成功的原因

在娱乐产业井喷式发展的背景下，曾经一度被忽视的网文行业，因为有良好的读者基础，并且处于 IP 创意源头的位置，立刻就显示出巨大潜力。

尤其是在网文改编手游方面，发挥出 IP 运作的优势，将网文 IP 的价值在很短时间内大幅提升。而在 2015 年，影视 IP 同样成了热门话题，多部热门网文 IP 被改编为影视剧。

那么这些现象对于网文作者有什么影响呢？我们对比一下 2014 年和 2015 年的网络作家榜，可以发现这些上榜作家 2015 年的收入比 2014 年增长了不少，进入榜单前 10 名的门槛也从 2014 年的 1100 万元提高到了 2015 年的 1400 万元。还有一些低调的网文富豪作家并没有出现在榜单上。

我们从榜单的对比中还可以发现，虽然网文作家收入都有所增长，但是连续三年都是榜首的唐家三少的收入从 5000 万元直接增长到了 1.1 亿元，这个增长幅度实在有些惊人。

曾经有人对大神级网文作家人气指数做过调查，结果显示位居网文作家榜首位的唐家三少的人气并没有天蚕土豆和辰东的高，这就难免让人感到奇怪，人气没有他们高，为何收入却比两人加起来还要多？

唐家三少之所以人气不是最高，收入却能最高的原因，就是他的写作已经非常商业化，加上商业化的运作手段，同时他也非常勤奋、自律等。这些原因让唐家三少在风口上借势飞了起来。

成熟的商业化写作

成熟的商业化写作，除了完整的故事架构，商业化的起承转合，立体化的人物主角和配角外，还需要考虑小说是否具有可改编性、内容是否能够被潜在受众所喜欢，这就需要小说有精准的定位和考量。而唐家三少在这一方面做得非常出色，因为他的作品表达的内容大都符合主流价值观，这就意味着小说在进行改编审核时更容易通过。

唐家三少的所有作品，只有《生肖守护神》在内容上有争议，这也导致书再版时换了好几家出版社，内容也是改了又改。唐家三少也正是因为这次经历，在之后创作作品时更加谨慎，同时更加注重作品的可改编性。

唐家三少为了让自己的作品更加有针对性，还专门做过市场调查，创作作品时会考虑 11 ~ 14 岁的青少年受众群体。这种做法虽然让其他受众群体有些许不满，但是这为他作品进行跨界改编打下了良好的基础，同时让他成为青少年网文读者最为热捧的作家，而这些青少年网文读者正是网文读者中最大的群体。

这种作品定位让他的作品在不是最优秀的作品的前提前，却可以让青少年读者牢牢记住他的名字。也正是因为青少年读者的支持，他的作品被改编时都大获成功。

成熟的商业化运作

很多不了解的人认为，唐家三少即使再出色，也不过是个网络小说写手，类似的写手多如牛毛，他不过是其中运气比较好的一个罢了。抱着这种看法的人太小瞧这位大神级网文写手了，唐家三少的成功为后来者指明了发展方向，同时对于网文行业有着重要意义：

① 最早改编漫画并获得成功的。估计很少有人知道，第一部被改编成漫画的网络小说就是唐家三少的《斗罗大陆》，并且取得了巨大成功。漫画推出后销量超过了百万册，漫画制作方还因为作品过于火热，想要将唐家三少甩开自己单干，唐家三少为此还和漫画出版方打了官司。

② 网文作家中实体书销量最好的作家之一。唐家三少同时还是网文作家中实体书销量最好的作家之一。从《神印王座》开始，他的作品实体书销量就一直不错，其中《绝世唐门》的实体书销量更是达到了惊人的上千万册！

③ 带动了网文同手游行业的合作。唐家三少很早就看到了网文改编手游的市场，所以投资了一批手游公司，这些手游公司也是最早进行网文改

编的公司。随着 2013 年手游作品《唐门世界》（如图 4-3 所示）取得的巨大成功，网文 IP 价值一路疯涨，同时推动了网文和手游行业的合作。在此之前，一部网文作品改编手游的版权费少的几千元，最多的也不过几十万元。

图 4-3　手游《唐门世界》

最勤奋的作者

对于网文这种特殊的文学作品，其最大的竞争力并不是行云流水般的文笔，也不是一波三折的动人情节，而是长期稳定的更新速度。从这一点来看，就明白为什么唐家三少能够称雄网文行业这么多年了。

唐家三少的作品水平在网文中应该属于中等偏上的，但是他的更新效率一直都很高。网文有一个特点，就是时效性非常强。想要持续获得读者的关注，就要按时更新，每次更新的内容还不能太少。唐家三少非常清楚这一点，他懂得断更对作品的人气具有极大的破坏力，所以一直保持日更万字左右的速度，这种更新速度和频率，绝对算得上是最勤奋的作者。

立足粉丝经济，成功地自我营销

其实，唐家三少的核心竞争力就是他所具有的强大执行力。同时，他对粉丝经济了解得非常透彻，知道怎样将自己打造成一个顶级 IP，塑造个人品牌。

网文行业近两年的火爆，离不开粉丝经济的爆发。网文作品通过互联网平台发布，进行广泛传播，从而积累大量粉丝。粉丝们的追捧，让网文作品有了跨界发展的价值，因此才出现了网文改编的影视剧和游戏等作品。

在个人品牌的塑造上，网文行业里估计没有人能够比唐家三少更出色。虽然同其他人相比，唐家三少在粉丝运营上起步较晚，但是他从开始就以认真的态度去对待，并且始终坚持在做，这点与他更新小说的态度一样。

唐家三少同时也是诸多网文大神作者中，最热衷于自我营销的，从他的微博影响力可见一斑。

在新浪微博上,唐家三少的粉丝数量多达 344 万,而与他同级别的大神的粉丝数量只有他的尾数。

这说明,唐家三少在粉丝经济上的营销是非常成功的。

当所有人都承认唐家三少是网文最大神时,他的作品的价格毫无疑问就会被定得更高,并获得更好地推广。这就是他经营个人品牌的价值和目的所在。

在过去 10 年的时间里,唐家三少已经成功地建立起个人品牌,照此情形发展,只要唐家三少保持现在的勤奋,他的影响力就会一直保持在巅峰。

目前,唐家三少手中有多达16部作品(15部正传作品及一本外传作品)。而与他同级别的作者中,辰东有 5 部作品,我吃西红柿有 8 部作品,天蚕土豆有 4 部作品,在数量上他们就输了。

如果单论某部作品,他们或许会胜过唐家三少,但是就个人影响力和小说数量来说,却绝对赶不上唐家三少。

因为唐家三少自身的影响力,他的作品不会像其他人的作品那样,短时间内就消失在书海之中,他的作品现在仍然有很高的人气和强大的可改编价值。唐家三少的《惟我独仙》虽然是 10 年前的作品,但是也卖出了500 万元的游戏改编版权费。

这符合经济学上的长尾理论,他的作品随着时间的推移不但没有暗淡,反而迸发出新的经济价值。

高度自律

和很多依靠炒作而一夜走红的网红相比,唐家三少的成功是靠自己的努力一步步走出来的。每天更新保持在万字左右,十几年如一日,这听上去有点不可思议，但是他做到了。依靠高度的自律，他塑造出了独一无二的个人品牌。

从这几年网文的发展情况，大家可以发现，网络连载已经不是网文赚钱最好的途径了，但是想要作品有更好的发展前景，网络连载仍然是重中之重，它能够扩大作品的影响力。因为在互联时代，作品的最大人气来源就是网络，所以网络连载是一定不能放弃的。只有网络连载才能够持续吸引读者的关注。另外作者在创作作品时，也需要将未来的衍生品考虑进去，从而对作品有更精准的定位。

4.2 打破界限：让网文读者和游戏玩家走向共和

摘要：

网文 IP 现在已成为一种流行"货币"，这种"货币"所流通的市场则是规模巨大的泛娱乐市场。

《2016—2021 年中国手游行业成功模式与领先战略规划分析报告》提供的数据显示，占玩家总数 62% 的人希望有更多基于网文 IP 改编的游戏出现。

🔍 网文＋手游：谁在为最流行的货币买单

网文 IP 现在已成为一种流行"货币"，这种"货币"所流通的市场则是规模巨大的泛娱乐市场。

目前来说，和网文 IP 融合得最好的就是游戏。

IP 作为市场的内核，所有游戏公司都在争抢，不同的公司争抢的方式和方法不一样，但为什么各大游戏公司都在争夺 IP 呢？

优质 IP 能让手游获得更高回报

一个优质 IP 所具有的价值已经无须质疑，一个优质的网文 IP 往往能够为手游带来较高的广告收益。同样水平的两款游戏放一起，由 IP 改编的游戏转化率会明显较高。这一特性会帮助游戏在初期获得大量用户，从而节省推广费用。

《2016—2021 年中国手游行业成功模式与领先战略规划分析报告》提供的数据显示，占玩家总数 62% 的人希望有更多基于网文 IP 改编的游戏出现。

而 Analysys 易观智库所提供的数据显示：2015 年在 iOS 平台畅销榜前 100 位的游戏当中，基于 IP 改编的游戏占 40%，与 2014 年相比，占比明显提高。

带动 IP 粉丝成为游戏玩家：让 IP 粉丝和游戏玩家走向共和

一款基于大众所了解的 IP 改编的游戏上线之后，不仅游戏玩家会被吸引，IP 的粉丝也会被吸引，从而成为游戏玩家。IP 游戏对于渠道也同样有吸引力，和没有 IP 的游戏相比，IP 游戏更容易获得有效的推荐。有效推荐意味着高下载量，对渠道来说，高下载量也就代表着高收入。

我们就以热门 IP 游戏《花千骨》为例。《花千骨》在 2008 年开始创作，之后在 2015 年 4 月改编为电视剧（如图 4-4 所示），仅一个月时间该剧的总播放量就达到了30亿次。如此庞大的粉丝群体让《花千骨》手游（如图4-5所示）也因此大受关注，月流水超过2亿元，这一数据超过了《刀塔传奇》当年所创下的纪录，这就是IP所能带来的价值。

图4-4　电视剧《花千骨》

图 4-5 　《花千骨》手游

　　当然，IP 受到众多手游厂商的追捧，其根本原因是手游行业发展到现在，移动互联网人口红利已经处在一个相对平稳的时期，并且由于行业竞争激烈，同质化严重，同一类型的游戏有无数公司在研发，因此手游公司需要找到一个突破口，以获取更多用户，而 IP 就是这个突破口的关键。

　　伴随着手游行业的竞争日益激烈，有关优质 IP 的争抢不难想象有多惨烈，现在一些优质 IP 授权价格都在千万元级别。购买 IP 是一种资本的游戏，也可以说是一场豪赌，一场对于未来市场判断的豪赌。既然是赌，那就有赢也有输。并不是说抢到了优质 IP 就一定能带来丰厚的回报，如果缺少好的产品，IP 就没有了意义，只能成为一种固定资产，还要承担过期的风险，如果基于 IP 做出来的产品粗制滥造，反而会影响到 IP 原本的价值，给 IP 带来负面影响。

第 5 章
娱乐＋游戏：投资领域的新赛道

5.1 游戏，蓝海中的蓝海

摘要：

电子竞技和泛娱乐的结合，可以形象地比喻为二次元和三次元的合体。这种合体既是大势所趋，也是诸多粉丝、玩家、用户的衷心期望。

电竞行业近两年的表现是有目共睹的，如果我们从市场角度来看待电竞圈，那么它毋庸置疑地是如今最热门的"网红"之一

🔍 IP 抢购热潮下的游戏产业

大娱乐公司懂得如何利用自己的资源，资本运作是他们最擅长的。

他们从早期储存的 IP 资源中挑出一部分进行运作变现，提高公司利润，并且在 IP 运作的过程中拉高公司的估值。当一些大娱乐公司成为平台渠道

方时，还可以利用这一身份提高 IP 的价值。

目前中国在 IP 资源变现方面最为成熟的是盛大文学，虽然"泛娱乐"概念最早由腾讯副总裁程武在 2011 年提出，但是盛大文学在此之前已经有了类似泛娱乐的想法。在 2010 年盛大文学就开始将部分签约作品的游戏版权对外销售，而且一部作品的游戏版权费可以达到上百万元的惊人价格，甚至其中一部分作品的游戏版权仅是手游版权，PC 游戏版权和页游版权并没有包括在其中。在 2014 年盛大文学举行的网络文学游戏版权拍卖会上，六部网文小说的游戏版权卖了 2800 万元！

2015 年，当腾讯收购盛大文学，成立新公司阅文集团之后，网文 IP 授权价格更是一路疯涨。

网文 IP 授权价格疯涨的原因主要是以下几个方面（如图 5-1 所示）。

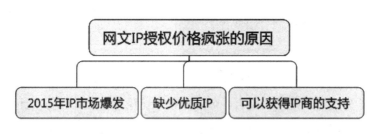

图 5-1　网文 IP 价格疯涨的原因

① 2015 年 IP 市场大爆发，众多娱乐厂商意识到了 IP 能够起到的作用，导致 IP 价格一路飙升。

② IP 资源众多，但是优质 IP 资源却非常少，因此受到热捧，从而拉高了 IP 整体价格。

③ 购买 IP 能够获得 IP 商的大力支持。比如，从腾讯购买到一个 IP，当产品上线之后，在腾讯的游戏平台上就会受到重视和关照，与其他游戏相比，就有了优势。

腾讯 2015 年收购盛大文学的价格是 50 亿左右，而现在阅文集团的估值是 200 亿左右（阅文集团主要沿用的是盛大文学的架构，创世中文网由原来的起点中文网核心团队搭建，云起书院则是腾讯原来就拥有的品牌）。

将游戏的标签从娱乐转为文化，同时促成文化产品释放价值

在大部分人眼中，游戏应该归属于娱乐产品，很少有人会将游戏看作是文化产品（虽然网络文化经营许可证是大部分游戏公司都需要办理的）。即使有部分人会因对游戏的情怀而将其上升到艺术与文化的高度，但是到了具体游戏产品上，游戏仍然无法被看作是文化产品。

但是不管是因为受到了国家政策的鼓励，还是因为游戏人对游戏的深刻情怀，又或者只是单纯地为了赚钱，游戏这种娱乐产品和 IP 这种最具有文化特质的标签结合在了一起。

以往变现较为困难的文化产品在游戏和 IP 进行结合的过程中，其价值得到迅速释放，同时这也是国家政策所引导的方向，而且有一大波在这一过程中获得利益的人正在推波助澜，比如受到改制影响的出版社等。

游戏 IP 热的新趋势

如今 IP 市场大为火爆，但是一些游戏公司从这种火爆中看出了一些问题：大部分 IP 其实并没有什么作用，而游戏用户也已经厌倦了那种随便拿个 IP 直接贴牌的游戏产品。

在未来一段时间，IP 授权将会出现以下几个新趋势。

趋势一：大量由端游 IP 改编的手游作品出现。

从《梦幻西游手游》《大话西游手游》《天龙八部 3D 手游》等由端

游 IP 改编的手游作品所取得的成绩来看，端游 IP 有着明显的优势。

趋势二：从直接进行 IP 授权改变为共同打造 IP。

比如，刘慈欣为《雷霆战机》创作剧情架构，马伯庸为英雄互娱一款游戏做剧情架构，而最有代表性的是天蚕土豆为游戏《苍穹变》写新书，实现了"书游同步"。

面对未来的变化，中小游戏公司如何应对呢？（如图 5-2 所示）

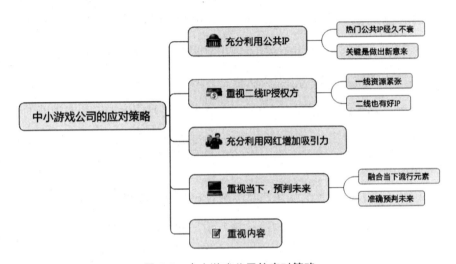

图 5-2 中小游戏公司的应对策略

① 充分利用公共 IP，做出不一样的产品

比如，三国主题游戏就是游戏中一个经久不衰的热门题材，每年都会有几款关于三国题材的新游戏上线。

② 重视二线 IP 授权方

目前在 IP 授权方面，BAT 是业内三大巨头，作为一线 IP 授权方，大量优质 IP 掌握在他们手中。

不过二线授权方中同样也拥有优质 IP，比如中文在线、看书网等。这些平台上的一些作品的质量，甚至要优于原来盛大文学高价卖出的作品的质量，但是因为受到平台的限制，这些作品没有得到系统化的版权运作和包装，所以从各种数据上来看，表现不怎么抢眼。正是这个原因，导致二线授权方手中有不少 IP 面临变现难的问题，迫切需要游戏厂商的帮助。当然，游戏厂商在与二线授权方合作时不应局限于授权这一种模式，还可以使用其他合作模式，比如，双方共同对 IP 进行包装打造。

③ 充分利用网红来增加吸引力

随着新媒体逐渐兴起，很多网红也有了独立发展的打算，比如，网文红人唐家三少现在身价早已过亿，于 2014 年成立了自己的公司。出现这种情况是市场发展的必然结果，个体在发展过程中随着实力的增强，独立意识也会随之增长。CP 公司可以抓住这个机会，同这些网红进行合作，利用网红所具有的影响力提高自身的吸引力，获得大众的关注。

④ 融合当下流行元素，准确预判未来市场

将当下流行因素同产品相融合并对未来市场有准确的预判，H5 游戏《围住神经猫》在微信圈的疯传，以及角色养成游戏《暖暖环游世界》都是这一类型的典范。

⑤ 重视内容

对一款游戏起决定性作用的是游戏的内容。内容才是游戏最关键的因素。一款游戏即使拥有一个优质的 IP 能够吸量，但是如果无法留住用户，仍然是失败的产品。

🔍 电竞泛娱乐化：我们正在成为主流

近两年，电竞行业的表现有目共睹，如果我们从市场角度来看待电竞圈，那么它毋庸置疑是如今最为热门的"网红"之一。

针对电竞用户人群，有第三方机构提供了这样一组有趣的数据：关注电竞的人群年龄大多在 18～24 岁之间，在关注电竞的人群中，有 57% 的人认为自己是忠实电竞爱好者，其中女性沉迷于电竞的比例为 22%，同男性 18% 的沉迷比例相比，高出 4 个百分点。这与我们想象中电竞多是男性玩家的想法背道而驰。

通过泛娱乐，电竞进入了主流文化

出现这种情况的原因可能是：最初的电竞具有高竞技性，因此吸引到的人群以男性为主，这些人愿意用较多时间来提高自己的竞技水平，并且在观看电竞比赛时是抱着竞技的态度来欣赏的。

然而近两年电竞行业迅速走红，吸引了大量资本进入，同时电竞直播平台崛起，曾经以竞技为主导的电竞行业因此出现了改变，开始逐渐走向泛娱乐化。电竞行业在向泛娱乐化发展时，娱乐化和社交化就成了行业的主导，而女性受众对于这两点非常青睐，因此出现了女性受众沉迷于电竞的比例高于男性的情况。

电竞产业通过泛娱乐将受众群体扩展到了女性，这代表着电竞行业已经进入了主流文化。为什么这样说呢？因为电竞和视频弹幕的发展类似。视频弹幕最早只流行于 ACG 领域，受众人群较少、并不被主流文化认可。随着影响力的逐渐增加，弹幕成为视频网站的基本配置，如今，通过弹幕进行吐槽和互动已经是一种文化现象，成为一种主流的娱乐方式。

行业环境帮助电竞主流化

对于电竞的泛娱乐化，背后行业的驱动也起到了十分积极的作用。一方面是游戏公司加大了对竞技游戏的开发和运营的力度；另一方面，CFM全国高校联赛等电竞游戏赛事的举办，斗鱼、熊猫等游戏直播平台的蹿红，还有最近专门打造电竞明星、进行电竞节目制作、进行粉丝运营的公司的出现，这一切共同构建起了电竞的泛娱乐生态，加快了电竞进入主流文化的速度。

政策利好电竞行业

在政策层面，2016 年 4 月 15 日国家发改委官网正式发布了《关于印发促进消费带动转型升级行动方案的通知》，在这个涉及多个领域通知的第 27 小项中，有"开展电子竞技游戏游艺赛事活动"的内容。从这个《通知》可以看出，电竞再次获得国家政策的正面认可和支持。此外，首次由政府主导的电竞赛事"北京电子竞技公开赛"将于 2016 年 7 月在鸟巢举办，比赛包括端游、手游、棋牌三大门类中的多个项目，参赛成员将覆盖 10 个城市的 100 所高校。电子竞技早在 2008 年就已经被列为体育项目，而 2016 年更有消息称，国际电子竞技联盟将申请电子竞技加入奥运会比赛项目中。

游戏、视频都是电竞的主场

在娱乐文化产业中，游戏和视频是重要组成部分，而现在这两个领域早已被电竞所占领。翻看游戏的发展历史，在单机游戏时代，曾经有很多游戏爆红过，但经典游戏必然是类似《星际争霸》《魔兽争霸》这样的竞技对抗类游戏，而在网络游戏时代这一点就更加明显。虽然现在仙侠、魔幻类游戏制作越来越精良，但是上网查询一下流行游戏排行榜就会发现，无论什么时候，最热门的网络游戏必然是类似端游《英雄联盟》及手游《部落冲突：皇室战争》这类具有明显竞技特征的产品。

而在视频领域，与电竞相关的电竞直播、游戏解说及游戏攻略早已发展得如火如荼。比如，腾讯3月份关于TGA赛事的专题页面总浏览量高达1632万次，第一个月全网播放量更是达到了惊人的1603万次，这样的播放量已经可以和当下热门的互联网综艺节目相比肩。另外，通过做游戏主播成为网红已经是一种流行方式。

现在的电竞直播已经进入了内容自制时代，比如，T-REX电竞在签约了小苍、小米、JY、苦笑等电竞明星后，结合电竞明星的自身优势，推出了《神探苍系列》《JY最靠谱教学》《苦笑团战大解析》《米时米刻》等。这些节目达到将近40亿次的总播放量，月播放量接近2亿次，而单期节目的最高播放量，突破了1500万次，火热的程度已经达到最火电视剧的标准了。

综上所述，电竞不仅是资本市场的最热土地之一，而且正逐渐成为影响90后、00后的主流文化方式。

🔍 电子竞技 VS 泛娱乐：二次元 & 三次元以正确姿势合体

电子竞技曾经是非常小众的产业，如今却有越来越多的人意识到它才是未来的主流。

电子竞技和泛娱乐的结合，可以形象地比喻为二次元和三次元的合体。这种合体既是大势所趋，也是诸多粉丝、玩家、用户的衷心期望。

那么，电子竞技如何和泛娱乐产业融合？合体姿势的正确示范有两个：第一，让电子竞技走进嘉年华；第二，开展 365 天全年无休的电竞赛事活动。

合体方式 1：让电竞走进嘉年华

2016 年 4 月 19 日，综合性电竞平台 WCA 宣布，WCA2016 世界电子竞技大赛与花妖游戏动漫嘉年华达成战略合作。

WCA 和花妖游戏将共同打造集游戏、动漫、音乐、旅游为一体的文化娱乐嘉年华。新闻一出，笔者几乎要为它击节叫好。

WCA2016 携手花妖游戏动漫嘉年华
电竞大赛泛娱乐成趋势[①]

随着首届移动电子竞技大赛的开幕，电竞赛事持续走热。4 月 19 日，综合性电竞平台 WCA 宣布，WCA2016 世界电子竞技大赛与花妖游戏动漫嘉年华达成战略合作（如图 5-3 所示），将共同打造一个集游戏、动漫、音乐、旅游为一体的文化娱乐嘉年华。

据悉，今年 WCA 将携手花妖在北京、成都、上海等六个城市开展大型嘉年华巡演活动。举办地均为国家 5A 级旅游胜地，这可以让人们在旅游中享受娱乐之旅。

活动期间，除了 cosplay 表演、大型动漫展、大型二次元音乐会，WCA 世界电子竞技大赛的线下赛事也将是嘉年华的重要节目，届时参与者可在现场体验到电竞的激情与快感。

---

① 来源：中国新闻网

图 5-3　WCA 2016

据介绍，自 2014 年创建以来，WCA 世界电子竞技大赛一直致力于泛娱乐化战略的发展。WCA 方面表示，今年游戏、动漫、音乐、旅游四位一体的文化娱乐嘉年华的举办，是 WCA 世界电子竞技大赛泛娱乐化战略走向成熟的标志。另外，除了与花妖游戏动漫嘉年华达成合作，WCA 2016 还将参加 ChinaJoy、德国科隆游戏展在内的全球游戏盛宴。

WCA 相关负责人表示，电竞行业在与其他行业跨界融合发展的过程中，需要更多地利用电竞天然的娱乐和网络特质，借助"互联网＋"的运营模式，与影视音乐游戏等更多文化娱乐行业进行深度的跨界融合、创新发展，这样才能加速推动中国电竞产业的成熟发展。

电竞赛事的泛娱乐化趋势有目共睹，而把电竞和动漫结合起来，WCA 也不是第一个吃螃蟹的，令人赞叹的是其合作的方式是"嘉年华"。

嘉年华一直是二次元文化的代表，同时也是二次元爱好者为数不多的走向三次元的机会。

每个嘉年华，都能汇集一群动漫爱好者在线下聚会，嘉年华除了动漫属性、娱乐属性，其实还有社交属性和旅游属性。电子竞技的受众和动漫的受众重合度非常高，如何把他们聚集、融汇在一起，成了一个难题：电子竞技的主场一直是直播、赛事和见面会，而动漫的主场则更为多元。

当电竞走进嘉年华之后，一方面可以拉拢动漫粉丝成为电竞的粉丝，另一方面，也为电竞的粉丝提供了更好的游玩渠道。

合体方式 2：365 天全覆盖的赛事

电竞行业有一个共识：直播、综艺、嘉年华都是电竞泛娱乐化的新玩法，但是电竞的主场永远在赛场中。

只有赛事才是最让人热血沸腾的，也只有比赛能够最大限度地燃烧粉丝的热情。

谁能掌控比赛，谁就能拥有更多粉丝；谁能安排最吸引人的赛事，谁就占据了电竞的主场。

以 WCA 来说，2016 年电竞比赛的项目有《DOTA2》《魔兽争霸 3》《炉石传说》《星际争霸 2》《CS：GO》《英魂之刃》，此外还有移动电竞游戏产品和微端产品，实现了市面上热门游戏的全覆盖。

而在游戏种类上，除了 FPS、RTS、MOBA 类游戏之外，还加入了棋牌类游戏，以便更大限度地圈粉。

WCA2016 年全年的赛事安排分成了 4 个维度：首先是职业赛；其次是公开赛；这两个赛事是电竞行业关注的重中之重。

而普通玩家（相对于职业玩家来说）也有机会加入到赛事中来，他们的舞台就是高校赛和网吧赛。

也就是说，当你成为电竞粉丝时，你有无数场比赛可以看，有无数次比赛的结果可以期待，最重要的是，你也可以参与其中。

5.2 影游联动：影视 IP 和手游强强联合

摘要：

影游联动是个趋势，但是它目前还很不成熟，比起影游联动，从目前来说，"电视剧＋手游"的结合要更容易些。

影游要真正"联动"，有两个绕不开的点：第一，互惠性，必须对电影方和游戏方都有利；第二，时效性，必须在正确的时间联手，否则就不用再联手了。

🔍影游联动，期望很美好，现实很骨感

IP 对于游戏产业非常重要

我们来想象一下，假如你现在要去超市买一瓶矿泉水，结果进入超市之后发现货架上有几十种品牌的矿泉水，你会如何选择呢？也许你突然发现一个品牌在外包装上印有一只海豚，而你非常喜欢海豚，最后你就会选

择这个品牌的矿泉水——海豚就是IP，你选择这个品牌的矿泉水就是海豚IP起到的作用。

对于游戏来说，有些游戏本身制作精良，剧情有很强的代入感，游戏IP这时就能够为游戏带来更多的粉丝。而有的游戏制作平平，唯一的特点就是IP，对于这样的游戏，IP则关系着游戏的存亡。

喜欢玩手游的人即使没有玩过由热门电影授权改编的游戏，至少也听说过。实际上，电影和手游的亲密程度远超一般人的想象。根据数据显示，截至2016年3月，在中国内地国产电影票房排行榜的前20名中，有11部电影授权了其相关的手游。

在手游商家眼中，与小说和漫画这样缺乏实体形象的IP相比，电影这种具有实体形象并且自带代言人的IP有着先天优势。

既然是这样，为什么我们所看到的电影授权制作的手游都非常粗糙呢？电影公司又是怎样看待与手游合作的状况呢？手游对电影所产生的效果电影公司有正确的预判吗？对于电影来说，手游的存在是必要的吗？将电影改变成手游，能够对电影的营销起到多大的作用呢？

仔细了解由电影所改编的手游产品之后，产生以上这些疑问是有理由的。以2014年上映的电影《一步之遥》所改编的手游为例。虽然游戏号称由电影改编，并且和电影有相同的名字，但是其内容却很难与电影联系起来，甚至有些不知所云，从游戏中的人物到游戏背景，都与电影《一步之遥》没什么关系，两者最大的关系就是有相同的名字。

和中国电影改编的手游相比，国外电影公司授权改编的手游水平相对较高，但是也只是表现在制作上。以迪士尼公司来说，它的很多电影改编的手游都只是半成品游戏加上一个电影的名字，然后很牵强地同电影联系起来，而且其改编的游戏都是像《小鳄鱼爱洗澡》这种三消类游戏。但是比起中国手游连电影角色植入这样的基本工作都敷衍了事的卡牌、跑酷类游戏，还是要好得多。既然电影改编的手游是这种状况，为什么还有那么多电影要推出手游呢？

影游联动：时差是个大问题

了解一下过去由电影所改编的手游数量，就会看出在 IP 争夺已经白热化的今天，手游行业将 IP 改编为游戏的尝试已经开始了很长一段时间。但是有关电影改编手游的宣传似乎还很少看到，这些游戏在瞬息万变的手游市场中很快就消失了。

一些手游公司虽然接受"影游联动"的概念，但他们并没有选择与电影公司合作，将手游和电影同步推出，而是选择直接购买电影 IP，然后以电影 IP 为核心，从头制作一款手游作品，比如手游作品《西游降魔篇》。

这就造成了时差问题。

这部手游作品推出的时间和电影相差将近两年，电影是 2013 年 2 月上映的，而电影的 IP 在 2015 年 4 月才购买下来，当游戏上线时，《西游降魔篇》的导演周星驰已经开始制作电影《美人鱼》了。

虽然游戏制作公司对于这款作品的前景非常看好，但问题是，距离《西游降魔篇》这部票房大卖的电影上映已经过去两年时间，两年之后这部电影 IP 已经失去了原有的关注度。另外，电影制作方只是授权，对于手游产品的推广工作并不参与，在游戏推出之后游戏公司只能自己宣传。种种因素叠加起来，使这部被制作方大为看好的手游作品上线之后，远没有达到预期效果。

比"电影 + 手游"更契合的是"电视剧 + 手游"

电视剧和手游往往能结合得更好。

2015 年,《花千骨》电视剧上线,预期同时上线的还有同名手游《花千骨》。电视剧《花千骨》一上映就迅速爆红,成为现象级作品;而手游《花千骨》同样火爆,成为 2015 年爱奇艺游戏的支柱作品。电视剧《蜀山战纪之剑侠传奇》制作方与蓝港联合发行的手游作品《蜀山战纪之剑侠传奇》也取得了不错的成绩,很快跻身于 App Store 畅销排行的前列。而同样由电视剧改编的同名手游《青丘狐传说》也在 App Store 畅销榜上取得了一席之地。由此可见,电视剧和手游之间的结合要好于电影,并为影游互动开了一个好头。

爱奇艺联席总裁徐伟峰在接受媒体采访时表示:"爱奇艺游戏之所以在选择合作游戏公司时优先考虑中大型公司,主要原因是影视剧的上映档期会对影游互动所得到的效果产生影响。而通常情况下影视剧的上映档期会出现延后很长时间的情况,当出现这种情况时,规模较小的游戏公司就会因为无法承担因等待上映档期而造成的损失,最后导致项目流产。"

影游联动的两个关键:互惠性和时效性

影游要真正联动起来,有两个绕不开的点:第一,互惠性,必须对影方和游戏方都有利;第二,时效性,必须在正确的时间联手,否则就不用再联手了。

互惠性

从资金投入上来看，一部中等制作的电影需要投入的资金都是以千万元为单位来计算的，即使是小成本电影也需要几百万元。从制作周期上来看，一部电影的制作周期大概是一年时间，和游戏公司制作手游不同，电影的周期并不是连续的。电影前期准备工作需要一段时间，中期就是电影拍摄的时间，在拍摄完之后还需要后期进行制作及宣传。手游在投入资金和制作周期上相比电影要少很多，这样一来，在电影和手游合作的影游互动中，手游所占的比重就比较少了。

电影和手游进行配合营销，这种做法对于电影本身的营销是有帮助的，但是手游能够起到的作用有限。对于电影来说，影片本身才是营销的主要内容。

电视剧也一样。即使是像《花千骨》这样的超级 IP，其手游收入一个月就达到 2 亿元，页游收入则达到 5000 万元，这个收入早已超过电视剧本身的收入。虽然游戏收入超过了电视剧，但是其实手游所产生的影响力还是从电视剧的影响力转化而来的，《花千骨》电视剧本身才是核心。

电影公司在购买原著电影版权之后，再去购买游戏版权并不麻烦，但是考虑到上面所说的原因，手游并没有得到电影公司的重视。在电影公司看来，手游的存在只是为了让观众熟悉一下电影的名字，它所能起到的作用远不如一个时长 2 分钟的预告片或者公共场所的硬广告。

手游对电影的影响，电影公司很难评估。电影公司所得到的数据只有游戏的下载量，究竟有多少人是通过手游而去影院看电影的，电影公司无法知道。除非在手游里增加诸如"注册就能够获得打折电影票"之类的环节，才能够对手游产生的效果进行量化。而投放预告片和宣传海报，电影公司可以根据观看量或者是人流量来了解直接接收广告的人数。手游也算是广告，但并不是直接广告，用户先玩了游戏才能够间接地接收广告，中间有多个流程，并不利于影片的传播。

时效性

电影和电视剧有一个很大的不同点，就是电影的上映时间有限，普通电影通常能上映 20 天左右。而电视剧就不一样了，在一家电视台进行了首播，还可以在其他电视台重复播放，时间跨度更是没有限制，一年、两年甚至更长久的都有。因此电视剧和手游合作对双方都是有利的，也是非常有必要的。而电影因为上映时间的原因，导致同手游的合作效果不太好。

而时效性是游戏开发商最关注的问题，电影 IP 的时效性极强，除非电影可以做成经久不衰的系列。对于普通电影来说，大多数只能维持两个月的热度，最热的时段还是电影上映的时期，一旦电影下线，这个 IP 的热度就过去了。

电影 IP 热度的消失同时影响着基于电影 IP 所改编的手游，这些手游在电影上映时还有一定的影响力，当电影热度退去之后，手游的影响力也会快速下滑，最终消失在众多游戏当中。

这就是为什么有电影 IP，网文 IP 仍然是最火爆的，因为网文 IP 的生命周期更长，热度更持久。

电影 IP 输在时效性，但是赢热度。

电影 IP 所带来的粉丝，他们的购买力很强，非常年轻，对新鲜事物的接受速度也更快，这些粉丝和手游的粉丝重合度是极高的。

所以，即使电影只上映短短一个月，加上前期造势的时间，游戏开发商也能盈利颇丰。同时 IP 买卖市场的繁荣也离不开这些仅出现一段时间就消失的手游。

手游公司已经意识到电影 IP 有其特殊性，它和电视剧、小说、漫画等 IP 有所不同，因此游戏公司不再一味争夺高票房 IP，转而去寻找系列电影 IP 改编，并且逐步改变了单纯购买 IP 然后进行改编的模式，开始尝试同电影方进行深层次的合作。

目前中国手游公司在这方面依然处于探索阶段，需要走的路还很长。

第 6 章

娱乐＋影视：资本热钱涌入，粉丝持币待购

6.1 绝命双"度"：话题度和关注度是关键

摘要：

每一个超级明星 IP 转化成影视都会成为全民关注的焦点，表面看来似乎超级明星 IP 就是盈利的保障，实际上却不尽然。明星 IP 能够带来话题度和关注度，这使粉丝愿意打开网页，而影视剧的质量决定了粉丝愿不愿意掏钱。

明星 IP 要有大众情人的属性，它必须足够大众化、足够有趣，这样对投资人来说才有足够的安全感。

🔍《盗墓笔记》播放破 23 亿次

2015 年最受关注的网剧《盗墓笔记》由爱奇艺参与拍摄，并在爱奇艺

平台独家播出，最终创造了23亿的播放量（如图6-1所示）。

图6-1　网剧《盗墓笔记》海报

爱奇艺《盗墓笔记》完美收官
冠名商押宝强 IP 大剧赚大了[①]

今夏最受关注超级网剧《盗墓笔记》日前完美收官，23亿播放量足以让该剧傲视群雄，成为同业借鉴的标杆。而高流量带来的高收益，也让爱奇艺成为今夏最强吸金机器，视频变现困局在纯网内容时代，超级 IP 网剧的影响力峰回路转。

超级网剧完美收官各项数据创行业之最。

---

① 新闻来自【爱奇艺行业速递】

《盗墓笔记》是由爱奇艺参与投拍的纯网剧集，并在爱奇艺平台独家播出。

突破以往小打小闹的网剧制作格局，《盗墓笔记》改编自同名小说。超级 IP 的背景，让《盗墓笔记》在开播之初便吸引了大量粉丝关注，播放量破亿甚至仅用不到 24 小时。

此外，《盗墓笔记》首次尝试差异化排播模式，即爱奇艺 VIP 会员可以抢先观看全集，非会员则根据一周一更新的节奏观剧。VIP 全集一经上线，大量会员涌入，5 分钟内播放请求达 1.6 亿次。

8 月 17 日，《盗墓笔记》终于迎来大结局，在原著作者更新小说最终章的同时，爱奇艺提前上线第一季结局，再次在"粉丝"中掀起一阵观看热潮。截止到 8 月 18 日 12：00《盗墓笔记》总播放量达 23 亿。同时，社交声浪仍在不断扩散，目前，新浪微博相关话题总阅读量已达 31.8 亿次，总讨论量达 722 万。而在剧集热播期间，登上热搜榜的关键字就超过 50 个。

从百度指数上来看，该剧百度搜索指数峰值突破 370 万，并在相当长的一段时间内霸占百度电视剧风云榜冠军宝座。毫无疑问，《盗墓笔记》已经缔造了全新的超级网剧神话。

《盗墓笔记》刷新高广告商们赚大了。

《盗墓笔记》项目中，让人惊叹的绝不仅仅是播放量与社交声量，要知道，该剧竟然史无前例地售出七席冠名权，同时，剧目合作广告商创纪录地达到 35 席，栏目广告总收入已破亿元。

其中，抢先投放《盗墓笔记》的王老吉成为今夏最大赢家，以其独到的营销慧眼与强大的整合能力，借热剧之势贯穿整个夏季"越正宗越热爱"营销活动，收益颇丰。同时，豪掷千万元揽下首席冠名，并邀男主角李易峰成为产品代言人的OPPO手机，亦趁剧集火热之势强力推新，掀起舆论热潮。另外，联合赞助商凌仕，联合特约赞助商美丽说、滋源、优信拍，合作伙伴珀微等品牌均以不同形式投放《盗墓笔记》，共享现象级网剧引爆的注意力红利。

实际上，相较于动辄上亿元的传统电视节目冠名，网络自制内容能够以更低的成本取得更高的回报。千万元冠名便可收获20亿级关注，这在过去几乎可以说是天方夜谭。另外，网剧植入给了品牌广告主更多商业内容呈现及整合营销的自由度，抛开对品牌露出的初级追求，广告主拥有基于热门内容展开整合营销的广阔空间。

爱奇艺屡创奇迹凭何打造IP大剧？

除了《盗墓笔记》之外，爱奇艺还曾打造众多现象级网剧。早前收官的《心理罪》播放量达到5.3亿，近期开播的《校花的贴身高手》上线首周流量也突破1.4亿。可以看到，在网络自制剧领域，爱奇艺正迎来超级IP集中爆发期。

为什么《盗墓笔记》是免费的，大家还是愿意掏钱

2015年，红遍全网络的小说《盗墓笔记》拍了网络剧。视频网站爱奇艺从中看到商机，买下了该剧的版权，然后在自己的平台独家播放，并且是永久免费的。但是有一点，爱奇艺对于免费会员是一周只更新一集，而对于付费的会员则可以立刻看到该剧的完整内容。

这个策略得到的结果是：在开启付费会员可以看到全部的功能之后，短短 5 分钟时间里，播放请求的次数是 1.6 亿次，而选择立刻开通付费会员的人数超过了百万。假如每一个会员一年的费用是 100 元，算下来，这一部网络剧就为爱奇艺带来上亿元的收入，即使是按照月来计算，假定每个月是 10 元，这也是上千万元的收入。

为什么这部网络剧明明是免费的，却有这么多人为了提前观看而选择付费观看呢？不明白的人肯定有很多，但是爱奇艺是明白的，所以这件事情就发生了。

原因一方面是《盗墓笔记》这个超级 IP 所具有的号召力和吸引力，另一方面则是网友希望自己能够比其他人更早地得到权利或者享受服务。

"虽然我可以免费得到，但是我希望尽快得到。"

一些产品和服务，能够更早获得，就意味着你能更早享受。比周围的人更早得到，这对某些人来说是一种高贵的象征。而对于那些充满激情的粉丝们，他们先在意自己能够第一时间获得，其次才在乎需要付出的费用。

同样的例子在中国电影市场上比比皆是。众所周知，所有的电影在上映之后的几个月内就能从网络上下载观看，但是中国电影市场却越来越繁荣。因为当一部新电影上映之后，周围的人都在讨论这部电影，大多数人不愿意等待几个月时间后再看。

强大的粉丝群是《盗墓笔记》的终极保障

《盗墓笔记》的网剧几乎从播出的第一集开始，就受到了无数的质疑甚至谩骂，连南派三叔都不支持《盗墓笔记》网剧，那么为什么它仍然能收获令人咋舌的盈利呢？

答案是粉丝。强大的粉丝群是《盗墓笔记》网剧的终极保障。

笔者身边的很多《盗墓笔记》粉丝表示，只要是《盗墓笔记》，再烂也要看，看完也许会骂，但是不看对不起自己这么多年对《盗墓笔记》的喜爱。

每一个超级明星IP转化成影视都会成为大众关注的焦点，表面看来似乎超级明星IP就是盈利的保障，但实际上却不尽然。明星IP能够带来话题度和关注度，这使粉丝愿意打开网页，而影视剧的质量决定了粉丝愿不愿意掏钱。

如果只是粗制滥造，虽然在收获骂声的同时也会收获金钱，但其实是消耗IP的同时也在消耗自己的信用。无论是明星IP的持有者，还是IP的粉丝，都质疑你能力的时候，也许未来的道路就这么堵住了。

《如懿传》：未开拍即卖8.1亿元

2016年1月，一则新闻惊爆了大家的眼球：《如懿传》宣布卖出8.1亿元人民币的网络播放权。

这是一个前所未有的数字，也是一个"理所当然"的数字。下面先来看一则有趣的新闻：

《如懿传》未开拍先卖8.1亿元嬛嬛的儿媳不一般①

《甄嬛传》一火，每个人开口闭口都是娘娘前、娘娘后。不过很快，嬛嬛的儿媳妇有可能将超过自己的婆婆。如今，《如懿传》才开始宣布开拍，剧组都还没有建立，版权费就已"三级跳"，着实让人惊了一把。《如懿传》作为《甄嬛传》的续集，将于2016年8月开拍，周迅15年后再入清宫，出演甄嬛的儿媳妇、乾隆的皇后乌拉那拉氏。

破纪录——网播单集出价900万元？业内人士称"价格靠谱"

2012年，《甄嬛传》荧屏首播，以海啸之势迅速风靡全球，造成"万人空巷睹甄嬛"的火爆盛景，开创出古装宫廷剧新风格。原著作者流潋紫在完成《甄嬛传》小说的创作后，又耗费5年时间，潜心打磨《甄嬛传》续作《如懿传》小说及剧本。此前华西都市报记者就从影视公司获悉，《如懿传》将于2016年8月正式开拍，女主角"如懿"已最终敲定华语影史首位"三金影后"（金马奖、金像奖、金鸡奖）周迅。

2016年1月26日，据微博自媒体爆料，《如懿传》已被腾讯以8.1亿元的价格拿下独家网络播出权，根据其爆料的共计90集的集长来看，单集网络播出成本已突破900万元这个前所未有的价格。"想当初孙俪主演的芈月传单集也就200万元，这是要上天啊！"不少网友纷纷表示惊叹。该消息的真伪目前还无从查证，不过有业内人士表示，这个价格应该是靠谱的，网络和电视台的版权价格加起来单集甚至可卖出1500万元。

---

① 华西都市报1月28日报道

平常事——未播就收回成本买家营收算盘在幕后

值得关注的是，近年来几部电视大剧在视频网站上不约而同地卖出了"天价"。金牌制作人侯鸿亮曾透露，投资过亿元的《琅琊榜》，仅网络价格就基本收回成本。对于《芈月传》曾创下电视剧网络版权纪录一事，曹平没有透露具体价格，只是低调地表示，"目前为止确实是一个奇迹"。而据电视剧业内资深人士李星文透露，《芈月传》的网络单集价格高达 200 万元，甚至超过了"一剧四星"时代大部分卫视的购片价格。

"现在的大剧好剧，没开播就收回成本是常事。视频网站有自己的算盘，不可能花了钱，而收不回来。我们在推广上的费用，甚至比电视台还高。"一位视频网站的员工告诉记者，此前为了推广《芈月传》，他们不仅组织了多场片花发布会和探班活动，还投放了地铁、楼宇及众多渠道广告，"虽然购买价格高，但之后的独家冠名费和品牌广告在视频上的投放，以及用户活跃度拉升，会带来不少新收益。"

《如懿传》成功卖出 8.1 亿元，说起来耸人听闻，其实背后有其深厚的基础所在。

《如懿传》的作者是现象级 IP《甄嬛传》的作者流潋紫。

《甄嬛传》被认为是继《还珠格格》后最火爆的清宫戏，它受到了所有年龄层次观众的喜爱，就连笔者的妈妈都看了很多遍《甄嬛传》，可谓是百看不厌，这跟《甄嬛传》本身的明星 IP 属性和出色的制作班底是分不开的。

《如懿传》表面上看是新 IP，但是在大众眼中，它就是《甄嬛传》

的续集，有《甄嬛传》在前，《如懿传》一开始就被寄予了深切的期望，它和《甄嬛传》是绑定在一起的，《甄嬛传》有多出色，人们对《如懿传》的期待度就有多高。

明星效应：最被期待的演员，最极致的清宫戏

周迅宣布主演《如懿传》，让很多人大跌眼镜，这也是大众看好《如懿传》的重要原因，周迅早年以《大明宫词》进入人们的视野，拍摄的电视剧如《橘子红了》《人间四月天》《像雾像雨又像风》等都是家喻户晓的精品，所塑造的角色也深入人心。

近几年，周迅主打电影，极少参演电视剧。最近一次参演的电视剧是获得了诺贝尔文学奖的莫言的代表作《红高粱》。

所以这次参演《如懿传》，无疑让人们意识到：《如懿传》是有这个价值让周迅参演的。周迅在微博上回应说："我只能说，我会回报给大家一部最极致的清宫戏。"

这又拉高了人们的期待，有了明星效应的加持，《如懿传》被看好更是理所当然。

大众情人的题材属性

我们前面谈过明星 IP 的特征，其中一个重要特征就是明星 IP 要有大众情人的属性，它必须足够大众化、足够有趣，对投资人来说才会有足够的安全感。

毫无疑问宫斗题材就符合这一特征，同时有了《甄嬛传》改编成手游的例子（如图 6-2 所示），《如懿传》改编成手游也有了相应的基础。

图 6-2　《甄嬛传》手游网页

6.2 网生内容填补了娱乐市场的巨大空缺

摘要：

我国其实是存在编剧困局的，很少有编剧能写出"新"的东西，这个"新"是指能符合新一代的想法，吸引最新一代的眼球。而 IP 的产生，正式填补了市场中空缺的位置。

对于投资者来说，在一开始就知道观众有多少人、在哪里、什么态度，是一件非常爽的事情。巨大的关注度，就是 IP 的优势所在。

🔍 网生 IP 的出现，改变了国内影视编剧的困局

IP 改善了国内编剧的困局

中国其实是存在编剧困局的，以目前而言，这个困局可能是：很少有编剧能写出"新"的东西，这个"新"是指符合新一代的想法，吸引最新一代的眼球。

我们的编剧擅长传统题材，比如伦理剧、宫廷、民国、抗战，这些都是他们擅长的。《甄嬛传》《伪装者》都是非常优秀的作品，但是仍然"太传统"。2015 年《甄嬛传》走出国门了，被翻译出口，但是原本 76 集的剧情，出口以后被压缩成 6 集：这一方面说明甄嬛传的成功（能够出口），但是被压缩成 6 集也说明它毕竟不是国际化的东西。

这就是问题所在：我们的电影，在国内有很多人看，但是在国外有多少受众？我们有多少类似于《美国队长》《指环王》《权利的游戏》这样的作品？

这些才是国际化的。

年轻人是娱乐的主力受众，他们喜欢的是科幻、奇幻、传记改编、史诗一样的故事，而如今的编剧就不是很擅长。

娱乐性：IP的娱乐性填补的是巨大的市场空缺

在精明的电影人眼中，IP不仅仅是内容，它的价值在于能够非常高效地进行宣传、营销，它本身就有巨大的基础，它可以更便捷地生产商业价值。

换言之，IP本身是商业价值。IP的意义是：不需要花费什么力气，就能吸引大量的关注。

对于投资者来说，在一开始就知道观众有多少人、在哪里、什么态度，是一件非常爽的事情。

巨大的关注度，就是IP的优势所在。

这种关注度，有时是一开始就充满了鲜花和掌声的，比如《如懿传》宣布由周迅担任主演后，网上一片看好和赞扬之声，未开拍已经卖出8.1亿元网络播放权。

有时这种关注度是围观者的质疑和叫骂。

在爱与骂声中获得关注，引爆热点，就是IP的宿命。

能够早一步明白这层意义的人，自然是受益最大的一批人，但是这也需要有足够扎实的基础。郭敬明创作的"小时代"系列是建立在他的超高人气的基础上的，互联网巨头们手中掌握的渠道和平台可以让IP更易发挥其价值，而一些影视公司既掌握着人气小说，又拥有渠道与平台，在影视IP市场中自然有巨大的影响力。

可延展性：一句话可以改编成歌曲，一首歌也可以成为电影

IP改编成影视剧的热潮甚至不再局限于网文、长篇小说，只要一个IP

够热度，它就有发酵的空间：哪怕只是一首歌、一句话。

这显示的是，IP 惊人的可延展性。

周冬雨主演的《同桌的你》，就是由歌曲《同桌的你》发酵而来，同样由热门歌曲 IP 发酵出来的电影还有《栀子花开》。

哪怕是一句流行语，也可以被当作 IP 去运营。高晓松的一句话："生活不止眼前的苟且，还有诗和远方。"已经被改编成了歌曲。也许下一步，就是电影了。

目前最流行的 IP 模式是养 IP：网文中产生，漫画中发酵，最终配合游戏的生产。在这个过程中，IP 逐渐壮大。

网易最火爆的游戏《新大话西游 2》（如图 6-3 所示），它的源头就是周星驰 1995 年的经典喜剧《大话西游》，它有深厚的受众基础，如今网易运营这款游戏已经超过了 10 年。

图 6-3　网易经典游戏《新大话西游 2》

从这个角度来讲，《大话西游》是最历久弥新的 IP，它是 IP 中的超级 IP。

IP 的最理想状态也应该是这样：既可以通过网文、游戏生生不息地赚钱，又可以通过电影等模式爆发出来，瞬间达到万人空巷的状态。

并非所有 IP 都有被拍成电影的潜质

并非所有的 IP 都具备被开发成电影项目的潜质：它必须有一些电影化的特征。

无论这个 IP 讲的是什么故事，它必须"能拍摄""能融资""能娱乐化"。

"能拍摄"最好理解，一个 IP 再有名，它难以被转化为电影语言，也是白费工夫。比如《百年孤独》，那是明星 IP 的鼻祖了，因为它的复杂性，至今无法被搬上银幕。所以，一个故事可以被转化成电影语言拍摄出来，是最基础的要求。

"能融资"，是指它具备市场价值，能够说服投资人去投资，它一定是市场化的，契合现在市场需求的，有卖点能赚钱的。

"能娱乐化"，不是指这个 IP 必须是喜剧，而是指它能够在大范围内传播和推广，它具备能够被观众喜爱和自愿推广的潜质。

这 3 个要素相辅相成，缺一不可。

无论电影的源头是什么，电影的灵魂始终还是它的故事，其他都是为故事这一核心服务的。

此外，一部优秀的电影，仅有 IP 是不够的，导演和演员起到的是关键性的作用，而在网络剧中，编剧是最重要的。因为网剧需要的是持续的关注度及产生话题的能力，这就对编剧能力要求很高。影视公司只有拥有高水平的编剧及内容原创团队，强产业链运营，才能够打造精品。

观众不会为制作者购买 IP 的投入埋单，只会被你拍摄出来的故事打动。

第 7 章
娱乐＋体育：文体不分家，更有新活力

7.1　泛娱乐＋泛体育：打的是一套组合拳

摘要：

过去，一名体育明星退役之后，虽然不至于销声匿迹，但是热度一定会远不如从前。但是现在，退役后的体育明星又有了新的商业价值。

人人都有窥私欲，粉丝们最好奇的就是体育巨星的过去，好奇他的成长以及他人生中犯下的错误，而传记电影给粉丝们的好奇提供了一个了解的渠道。

🔍 泛娱乐＋体育明星：重新挖掘体育明星的商业价值

2015 年 8 月，阿里巴巴、新浪和体育巨星科比宣布达成战略合作。阿里巴巴、新浪和科比示范了"泛娱乐＋体育明星"的典范式的合作。

科比加入阿里生态 新浪体育加速泛娱乐化进程①

日前，由阿里巴巴、新浪、Kobe Inc.共同主办的"寻找缪斯"科比传记纪录片首映礼暨粉丝见面会在上海商城剧院举行。NBA篮球巨星科比·布莱恩特、阿里巴巴集团副总裁黄明威、新浪高级副总裁兼新浪体育事业部总经理魏江雷、Kobe Inc. CEO Andrea Fairchild出席活动，并共同对外界宣布阿里巴巴、新浪、Kobe Inc.达成战略合作的消息。"自从成立科比公司以来，我们一直在开拓新领域，寻找体育界前所未有的商业模式，而通过与国际知名互联网企业阿里巴巴和新浪的深度合作，可以帮助我们实现目标，将科比公司的内容及产品推向整个中国市场。"科比表示。同时科比宣布科比中文官网（http://kobe.sina.com.cn/）正式上线、纪录片《科比的缪斯》2015年8月8日将在天猫魔盒独家播映。

马云欢迎科比加入阿里生态共同探索体育＋电商全新商业模式

科比与阿里巴巴集团及马云本人的渊源由来已久，而此次的合作也意味着科比正式加入阿里生态链，双方将共同探索泛体育领域＋电商的全新商业模式。

马云表示，"科比是一个富有创新精神的企业家，在球场内外都建立了自己的传奇，鼓舞着中国篮球爱好者和他的粉丝。我们很高兴与科比合作，共同鼓励全中国的年轻人，激励他们怀抱梦想，释放潜能。阿里巴巴集团一直鼓励支持创业者，我们欢迎科比加入阿里生态，共同为这项意义深远的事业而努力，使中国的年轻人获益于此。"

---

① 来源：新浪体育

体育明星＋传记电影：每个人都想知道他的过去

2015 年 8 月 8 日，科比亲自担任执行制片的传记电影《科比的缪斯》在天猫魔盒首映，吸引了一大票科比的忠实粉丝（如图 7-1 所示）。

图 7-1 　《科比的缪斯》

这部纪录片源自于科比在 2012 ~ 2013 赛季时跟腱撕裂后产生的灵感，科比在这部纪录片中曝光了很多粉丝非常感兴趣的极其珍贵的片段，其中有他儿时在意大利打球的经历，有他与妻子的爱情故事，还有 2003 年使他陷入人生低谷的"鹰郡事件"。

在这部纪录片中，科比还谈论了自己的少年时代，他的父亲（前 NBA 球员乔·布莱恩特）等。

这种"体育明星＋传记电影"的方式，吸引了科比的众多粉丝。通过这部电影，大家开始重新认识科比。人人都有窥私欲，粉丝们最好奇的就是体育巨星的过去，好奇他的成长以及他人生中犯下的错误，而传记电影给粉丝们的好奇提供了一个了解的渠道。

另外，新浪为科比量身打造的科比个人中文网也在 2015 年上线了，粉丝们可以通过他的官网了解他的最新动态。

退役体育明星转型：退役后还能迸发出新的光彩和商业价值

科比与阿里的合作并非偶然，2016 年 5 月 13 日，华奥星空在"'全民助奥·聚在里约'启动仪式暨'电商＋奥运冠军'产业合作新闻发布会"上，宣布与阿里聚划算携手，为退役后的体育明星提供新选择。

这个新闻发布会听起来有点拗口，但是重点在于"电商＋奥运冠军"。

过去，一名体育明星退役之后，虽然不至于销声匿迹，但是热度一定会远不如从前。但是现在，退役后的体育明星又有了新的商业价值。

比如，跳水王子田亮，退役之后沉寂了一段时间，但是通过真人秀节目《爸爸去哪儿》，田亮重新回归大众视线，真人秀节目提供了一个舞台、一个机会，观众们从未离田亮如此近，通过真人秀节目，田亮的粉丝甚至比以前更多了。

通过田亮这位退役体育明星参与真人秀节目，人们逐渐意识到：退役不仅仅意味着结束，它还可以是全新的开始。

这是一种"互联网＋体育明星"的新思路。在发布会上，阿里巴巴聚划算还宣布将与华奥星空组织 3 支一共 90 人的里约奥运助威团，去参加里约奥运会。

这支奥运助威团由奥运冠军高敏、钱红等带领观赛，他们将全程解析体育文化、项目知识及金牌背后的故事。

相应地，阿里巴巴还会推出奥运助威产品到聚划算平台。这种模式无疑是看好了体育明星的影响力和人们对体育的关注度。

7.2 健身＋网红：掀起全民健身热潮

摘要：

健身圈中的"网红"已经出现了很长一段时间，这些健身网红不仅有非常高的人气，还有非常合适的变现方法。

互联网时代瞬息万变，所有的一切都在不断发生变化，随着微信以及视频直播平台的崛起，未来的网红模式应该是"直播＋社群＋服务"。

🔍 从第一代健身网红到知乎健身大 V

健身圈中的"网红"已经出现了很长一段时间，这些健身网红不仅有非常高的人气，还有非常合适的变现方法。我们首先了解健身圈的网红发展史；其次再去了解在泛娱乐的今天，健身教练如何成为网红，并利用这种模式获得高收益。

健身网红可以分为三个阶段。第一阶段的代表性人物是激励了无数中国女性的韩国健身网红郑多燕，虽然她在中国走红的时候已经年过 40 岁，但依然受到无数中国女性的崇拜。

第一代健身网红：郑多燕

郑多燕的减肥方法在 2011 年时传到了中国，进入中国之后立刻就掀起了一阵减肥风暴。无数网络、电视媒体都对她进行过报道，不少名人对她的减肥方法赞不绝口，其中包括汪涵、何炅、黄征、买红妹等众多大牌明星。

2012 年 9 月，湖南卫视的女性节目《我是大美人》专门邀请郑多燕参与录制。

同年 10 月，湖南大型脱口秀节目《天天向上》也邀请郑多燕做嘉宾。在这期节目中，郑多燕分享了自己曾经遇到的问题以及减肥经验，同时还现场表演了一段健身操。

不仅如此，郑多燕在自己的官网上发布了升级版的减肥套装，升级后的套装内容根据之前用户的反馈做了相应的改进，并且在健身操中加入了器械练习。

2015 年 3 月，郑多燕以联合创始人身份进入上海赢捷信息科技有限公司，并且建立起了一个同互联网相结合的健身平台。

同年 5 月，郑多燕推出了瘦身产品"多燕瘦"，先后在中国与韩国进入市场。

同年 10 月，郑多燕在上海虹桥开设了自己的健身会所。

2016 年 1 月，郑多燕的第二家健身会所在上海吴中路开业。

第一代健身网红郑多燕所具有的特点

① 郑多燕是一个有故事的人，而且她很好地利用了这个故事。这个故事能够直击很多女性的痛点，比如，生完孩子后身体走形、与丈夫的情感问题等。当女性知道郑多燕的这些故事后就会产生一个想法：她通过跳操改变了这一切，我也可以做到！

② 郑多燕自己其实就是一个 IP，她的所有产品都是基于自己这个 IP 而产生的。郑多燕的 DVD 虽然一直在日本和韩国销售，但是在中国的很多网站都可以免费下载到她的减肥视频，这让她在中国的影响力进一步扩大。同时，学习她的减肥操门槛非常低，基本没有什么要求，这也有利于

品牌的传播。

③ 充分利用个人影响力。郑多燕从最初的只销售 DVD 到后来销售产品套装、进入健身产业公司及开设培训学院，她将个人的影响力充分利用起来，并且变为可持续发展的商业模式。

第二代健身网红：以知乎健身大 V 为首

2014 年 10 月，在知乎上有一则新闻被众多知友所关注，即著名的知乎大 V 硬派健身得到了雷军的天使投资，而且是雷军主动找到门来的。这条消息让知乎大 V 们兴奋起来，原来做知乎的大 V 也拥有巨大的商业价值！其实在健身圈中拿到投资的大 V 并不是只有硬派健身一家，"人鱼线 VS 马甲线"和"睿健时代"也都获得了投资。"人鱼线 VS 马甲线"主要是通过发布励志图配上相关健身内容来吸引健身爱好者，同时他们还有相关的课程，并且初具规模；而"睿健时代"出现时间较早，在人人网流行的时候，它就在网上发布与健身相关的图片以及文章，在 2014 年年初获得徐小平的真格基金投资后，推出了健身视频教学类的 APP。

第二代健身网红所具有的特点

① 这些健身大 V 们都是依托大型平台快速成长。无论是"睿健时代"还是"人鱼线 VS 马甲线"，他们都在社会化媒体用户快速增长的时期中获益。

② 传播内容多来自国外的健身视频。

③ 与用户的互动非常积极，帮助用户解决健身中遇到的简单问题，并且给出一些训练建议。

④ 除了利用自己的影响力进行营销之外，都找到了一套适合自己的商业模式。

🔍 未来的健身网红：直播 + 社群 + 服务

第三代健身网红应该是什么样的呢？

答案：直播 + 社群 + 服务。

互联网时代瞬息万变，所有的一切都在不断发生变化，用户的需求同样也在不断变化。随着健身教学类的 APP 不断增加，健身爱好者们的基本需求已经得到了满足，但是因为个体差异性的存在需要进行个性化指导，同时也需要一定的互动，在这一方面，第二代的健身网红是无法满足的，时代的变化以及用户需求的变化要求出现新一代健身网红。同时，微信以及视频直播平台的崛起，给新一代健身网红提供了非常好的发展平台。

第三代健身网红具有以下特点（如图 7-2 所示）。

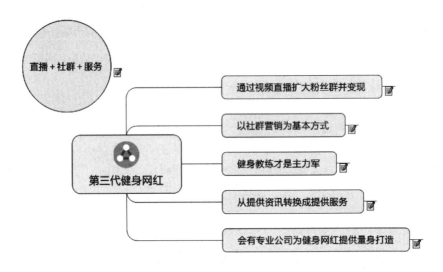

图 7-2　第三代健身网红

健身网红会通过视频直播平台来扩大自己的粉丝群并直接变现。

社群营销成为健身网红基本的推广方式。

健身教练将会成为健身网红的主力，这种身份更容易受到健身爱好者的关注。

健身网红的价值从资讯过渡到服务。

会有专业的公司对健身网红进行批量打造。

为什么未来健身教练会成为健身网红的主力军？

① 成为网红会改变健身教练的收入模式。传统的健身教练从健身房寻找客户，然后进行一对一教学，以小时计费，收费为会员付费。而当成为健身网红之后，客户将从网络中获得，采用一对多的教学方式，提高了效率，并且以课程计费，收费变为商家收费。

② 健身教练成为网红之后不再受地域、时间、空间的限制，成为一个真正的自由职业者，自身的价值也将通过互联网得到充分体现，而不是待在健身房里，想方设法地卖私教课。

我们可以来算一笔账。假设一个传统健身教练一节课的费用是200元，时间为一小时，如果这个健身教练想拿到10000元，就需要上50节课，按每天工作8小时来算，这个健身教练需要将近一周的时间才能够达到目标，一个月下来也只能拿到40000元。

现在我们再来算健身网红能赚多少。假如健身网红向粉丝的收费是一个月100元，只要能够找到1000个付费粉丝，健身网红一个月就能拿到100000元，并且每天只需拿出一部分时间为付费粉丝提供服务。这样相比较，传统健身教练和健身网红哪个更有潜力一目了然。

第 8 章
娱乐 + 音乐：不断进化的线上帝国

8.1　互联网 + 音乐：从破坏者到变革者

摘要：

互联网音乐公司的出现，改变了音乐行业的传统格局，越来越多的音乐人将会进入"互联网 + 音乐"的大潮中。

明星的本质是 IP，而情感始终是核心：谁能牵动观众的情感，谁就可以红起来。

🔍 "互联网 +" 搅动音乐市场

2016 年 3 月 11 日，《我是歌手》第四季第九期踢馆赛，张信哲唱了一首经过自己改编的《平凡之路》，他将《See You Again》一曲很好地嵌人进去，又搭配苏格兰风笛及三个令人印象深刻的胖姐妹伴唱，演唱的效果非常好。而对于张信哲的粉丝们来说，这首歌也是意义重大，因为现在张信哲已经很少推出新歌曲，能够听到这样一首改编的歌曲，粉丝们也略感安慰。艺人们虽然会逐渐老去，但是他们的青春印记却会永远地留在粉丝心中。

音乐因互联网而改变

关于互联网和音乐的关系的争论，这么多年来从来没有停止过，有人说互联网的出现毁了唱片公司，还有些人认为互联网让一些原创音乐人放弃了原创。

曾经有一段时间，互联网确实充当过音乐破坏者的角色，搅动着整个音乐行业。但是历史的规律告诉我们，每经历一次重大的变革，都会有无数行业被改变，要么直接覆灭，要么经过变革之后更加强大。音乐就是因为互联网而改变的众多行业之一，经过初期乱象丛生的局面之后，现在互联网音乐市场逐渐规范起来，变得比互联网出现之前更加强大和健康，从而成为现在我们所看到的"互联网＋音乐"模式。

互联网音乐公司的出现改变了音乐行业的传统格局，随着高晓松、宋柯等音乐人加入阿里音乐，未来将会有更多的资深音乐人进入"互联网＋音乐"的模式。

在互联网＋音乐的模式中，线下部分应该占到70%，线上则占到30%，这样的比重才是最合理的。那么音乐领域的线下是什么呢？

这里的线下并不是指线下音乐公司，而是指一种音乐场景的打造。它的形式是多样的，可以是一档音乐选秀节目，比如《我是歌手》《中国好声音》等；它也可以是一个音乐节日，比如每年举办一次的草莓音乐节；传统演唱会当然也是其中一种。

我们所处的是一个信息爆炸的时代，一个信息飞速传播的时代。在这个时代，我们每天都会接触各种社交网络和媒体，从这些社交网络和媒体当中我们获取信息，同时我们也在提供信息。而音乐线上就是指这些社交网络和媒体，音乐分发渠道正在由线下向线上转移，将分发渠道转移到线上，更有利于音乐通过社交网络和媒体进行广泛传播，互联网＋音乐就在这样的变化中不断前进。

明星本质是 IP，情感是关键

选秀其实就是选情感

如何判断一个 IP 是否成立呢？简单而言，即一个东西拿出去卖，这个东西成本很低，而且购买的人也知道这一点，但就是愿意花高价去购买。为什么购买的人愿意买呢？因为有情感在其中，这种情感就是喜欢或者爱。有很多产品经过短暂的流行之后就被大众遗忘了，出现这种情况很多时候是因为产品缺乏维系粉丝情感的东西。

现在的音乐选秀节目众多，而这些节目有一个共同点，就是在唱歌之前要先播放一段歌手的介绍或是采访视频，播放视频的原因一方面是让观众更加了解歌手，另一方面就是增加观众对歌手的情感沉淀。从海选到最后的冠军出炉，多期的情感沉淀，同时配合歌手不俗的演唱实力，一名优秀的歌手就这样被打造出来了，同时成为一个优质的音乐 IP。

未来，内容传播将主要依靠文字和视频的形式，并且将会呈井喷式发展。有人也许会问，音频在未来会得到快速发展吗？音频主要就是音乐和FM，然而音频中最有价值的形式是音乐，并不是FM，所以未来音频在内容展现形式上也会占有一席之地。

正是因为如此，网易云音乐才会崛起，同时音乐社交平台也是音频的一个发展方向，比如现在的唱吧。

从唱吧走出来的红人和秒拍、美拍走出来的红人相比并不算少。比如，胖胖胖将自己的歌发布到社交平台之后，林俊杰来为他点赞；杨姣依靠自己在唱吧的影响力，刚大学毕业就举办了一次个人演唱会；而在唱吧拥有百万粉丝的超人气红人孙琳被湖南电视台邀请上过《天天向上》节目。其实从唱吧这类平台走出来的红人和秒拍、美拍等平台走出来的红人还是有不同的，唱吧具有社交属性，而且社交是以音乐作为核心展开的。而秒拍、美拍等平台更多的是具有工具属性，因为在这些平台出现的作品需要依靠微信等主流社交工具传播出去，这样的作品粉丝忠诚度较低，缺乏情感沉淀。

未来市场中，原创才是价值链的顶端

未来市场中，原创才是价值链的顶端，无论你是歌手、演员还是自媒体人，只有原创的作品大众才会持续保持兴趣。

其实那些优秀的TMT天使投资人及会原创的互联网产品经理们，他们都是原创者。在如今泛娱乐的时代，原创是你需要拥有的基本能力。

8.2 全民选秀风口到来

摘要：

音乐领域泛娱乐化的出现，远比其他行业要早，《超级女声》引领了全民选秀的潮流，《超级女声》让人们意识到，原来音乐和娱乐结合起来，能够产生这么大的影响。

直播＋娱乐＋互动＋二次元虚拟歌手＋网友参与，能够和网友产生互动，使网友主动参与其中，才是 3.0 时代最机智的玩法。

🔍 选秀 3.0 时代：直播＋娱乐＋互动＋虚拟歌手

音乐领域泛娱乐化的出现，远比其他行业要早，它的历史从最早的不出名的选秀节目开始，到 2005 年《超级女声》出现了第一个高峰。音乐选秀共有 3 个时代（如图 8-1 所示）。

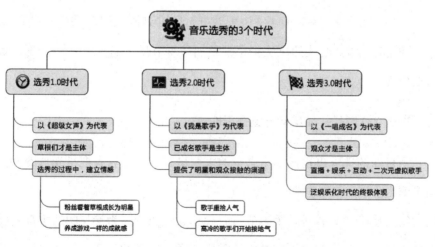

图 8-1　音乐选秀的 3 个时代

选秀 1.0 时代：和草根艺人们一起成长

《超级女声》的出现，拉开了选秀 1.0 时代的帷幕。

这个高峰至今还没有被逾越：它贡献了李宇春这样横跨音乐、电影、时尚界的超级明星，同时也贡献了极具唱功的张靓颖以及非常有个人特色的周笔畅等。

以至于之后的选秀歌手，很难和她们比肩。

《超级女声》引领了全民选秀的潮流，《超级女声》让人们意识到，原来音乐和娱乐结合起来，能够产生这么大的影响。如果李宇春没有参加《超级女声》，很难想象她现在会是什么样，但是可以肯定的是，她的成就一定没有现在大。

就像我多次强调的，IP 的核心是情感，《超级女声》这样的选秀节目就像一个情感类的养成游戏，你亲眼看着一个普通的、有音乐天赋的女孩来到舞台上，你一点点帮助她成长，陪伴她 PK 掉一个又一个对手，PK 的难度越大，你就越支持她，上升的道路越难，你就越爱她。

这种选秀节目，提供了一个绝无仅有的粉丝和明星培养情感的机会。

《超级女声》之后，有了《快乐男声》《中国好声音》《快乐女声》等，它们都是选秀 1.0 时代的玩法：草根参加选秀节目，唱歌、成长、PK，最后成为明星。

选秀 2.0 时代：明星参与选秀 PK

当普通的选秀再也选不出真正的大明星时，开始有人把目光从圈外投向了圈内。

第一次听说《我是歌手》节目时我有点吃惊，因为参与的选手都是已经成名的歌手，按理说他们已经不需要再通过这样的比赛来证明自己，甚至和别人比拼，反而是降了他们的身份，输给其他歌手，该多么丢面子？

可以想象，连围观者都有这样的感受，参与的歌手作为局内人，恐怕更是顾虑重重，所幸的是，他们的选择是正确的。

《我是歌手》节目，不仅无损他们的地位，还使他们的人气得到飙升，更上一层楼。

老一辈非选秀出身的歌手们大多有着极佳的天赋、专业的背景，他们的出道、成名也许背后是艰辛的，但是表面上看起来是那么的理所当然。这就决定了他们作为明星，其实与观众有很大的距离感。

在亲切感和接地气方面，他们输给了选秀出身的草根艺人们，甚至在这个泛娱乐化的时代，他们的明星标签已经不再那么吃香。

出生就是明星，一出道就是明星，是光环，又何尝不是枷锁呢？

而选秀节目，使他们有机会卸下这样的光环与枷锁，使他们有了和观众融合在一起的机会，所以在选秀 2.0 时代，明星才是主体。

选秀 3.0 时代：直播 + 娱乐 + 互动 + 二次元虚拟歌手

在选秀 3.0 时代，明星和草根选秀者都不再是主体，观众才是主要参与者。参与感才是最重要的，下面来看一则新闻。

全民选秀风口到来 《一唱成名》跻身最强 IP[①]

2015 年 12 月 19 日晚，《一唱成名》完美收官，90 后女生丁芙妮成为首名纯网选秀冠军。从 10 月 12 日海选开始至今，这档节目足足进行了两个月，吸引到 3 万多名网友报名参与，截至四场决赛开始

---

① 新闻来自腾讯娱乐

前，整个节目点击量已突破1亿次。惊人的点击量和可观的市场效益，让行业人士看到了网络综艺节目制作的规模和投资的更多可能性，同时，《一唱成名》也成为网络综艺音乐节目当之无愧的最强IP。

立足网络自制拐点 打响网络直播第一枪

众所周知，直播最能彰显现场表演（LIVE）的独特魅力，在专业影视制作领域，直播是录播类节目无法超越的原生形态，而这也恰恰是最能代表互联网节目属性和特性的。互联网媒体做自制如何跨越直播这一分水岭，成为网络自制发展道路上的重要拐点。

作为互联网行业首款纯网选秀节目，《一唱成名》打开了一扇对于网络综艺节目来说最难，但也是最关键的节目制作大门——直播。而站在这扇门后面的开门人，正是来自于传统音乐行业的知名音乐演出公司风华秋实。PPTV聚力携手风华秋实，勇敢地完成这一挑战，颇具实力的制作水准使它成为中国互联网首档真正意义上的直播节目，而这也是互联网媒体试水电视直播的第一枪。《一唱成名》的成功为网络综艺自制提供了一个新的方向和可能，正式翻开了网络综艺节目的新篇章。

踩中族群文化痛点 开启全民互动巅峰局面

除了形式所表现出的领先性、创新性，《一唱成名》将PPTV聚力的互联网基因运用得淋漓尽致。从海选阶段起，节目就撒下了一张最具广泛意义的大网，从多个维度和细节紧紧抓住网民的眼球。首先，在海选方面，《一唱成名》真正意义上实现了零门槛的全民搜星定位，从报名开始便打破传统选秀的地域限制，采用选手在线上传24秒歌唱短视频即可报名参赛的方式，有效地利用了互联网的开放性、便捷性，广泛覆盖互联网用户群。而将选手们分为"男神"、"女神"、"文青"、"辣妈"、"怪咖"、"大叔"六大族群，也更符合网络趣味、"萌"特征的个性分区。这种差异化的设置直击"网络族群"的痛点，不同用户依照个人喜好在《一唱成名》里找到自己的族群。

最具网络冲击力和新鲜度的是，《一唱成名》全新引入虚拟歌手"零"。这个二次元的动漫形象被赋予了自己的故事和性格，带有机械金属质感的声线和唱功更是圈粉利器。这位"异次元少女"不时进入直播中的真人秀现场进行踢馆，使整个节目气氛变得更具"非现实网络感"。它在无形中对观众和表演者产生了魔力般的"加持"，使得整个节目的人群仿佛同置于一个"虚拟社群"，这种形态与"网络族群"一样，都是网络文化的重要特征之一。一时间，虚拟偶像引发的网络互动热潮，以及带来的影响力丝毫不低于一个现实中的大明星。

颠覆传统选秀威权 话语权交归草根大众

《一唱成名》另一突出特点，在于它实现了传统电视选秀节目不可能实现的深度互动：完全依靠网友的支持和喜好来决定选手的命运。评委和明星的光环被弱化，明星以护航嘉宾的身份参与进来，给出专业点评或意见，但丝毫不能左右选手的去留。从海选到淘汰赛，踢馆PK到拉票助阵，选手的每一步晋级都与网友的支持息息相关，全程公开、开放、透明地进行，真正做到了无地域、无时差、无评委，一直被权威垄断的话语权重新回归到草根大众手中。某种程度上而言，《一唱成名》堪称互联网受众市场的"试金石"，它深度显现了当下网友的深层特性。

当下网络用户的结构和特效，深刻影响了《一唱成名》的进行。在《一唱成名》的舞台上，选手演唱水平似乎并非是他们晋级的最关键因素，选手的个性与其他外在特点（如颜值、态度）决定了他们能够走多远。六大族群中，第一个集体出局的"辣妈组"、第二个出局的"大叔组"都可以称为是网友意志的显现。

响应真人秀本质 带动网友一起玩

近两年，网友参与线上、线下的娱乐节目都有一个重要的趋势特点，即让网友与主创方或作品本身一起"玩起来"。从节目设置来看，《一唱成名》正是紧抓网友"玩起来"的精神需求，更接近"真人秀"节目的本质。

《一唱成名》是选秀3.0时代的代表，这则新闻的关键是：直播＋娱乐＋互动＋二次元虚拟歌手＋网友参与，能够和网友产生互动，使网友主动参与其中，才是选秀3.0时代最机智的玩法。

泛娱乐化是历史的大潮，任何想要和它抗衡的力量都只会被它吞没，我们能做到的就是了解它、观察它、顺应它，并借助它的力量，乘风破浪，创造自己的航程。

第 9 章
娱乐＋网红：这是个内容创业者的春天

9.1　不管你是谁，有趣就能红

摘要：

网红经济因其产业特点，在粉丝转化率上有明显的优势。在移动互联网逐渐成熟、移动终端广泛普及的今天，信息传播速度和效率都有了极大提高，大众在消费方面也变得更加理性。在这种大环境下，想要维持高粉丝转化率，就需要不断地创造新鲜优质的内容，这对于网红们来说是一个巨大的挑战。

如果你想要取得一个群体的认同和支持，首先要明白所有生物都倾向于跟自己基因相似的同类在一起，因此当我们看到和自己有相似基因的人时，就会自发组成群体，而这个群体遭到来自外部的威胁时，会变得更加团结。

🔍论个人 IP 的诞生

papi 酱凭借几十段、平均每段不到三分钟的短视频，红遍了中国互联网。

papi 酱在走红的同时，还顺带着捧红了一些短视频平台，为什么这些平台是被 papi 酱捧红的呢？因为 papi 酱本身就是一个优质 IP，对于短视频平台来说，这样的优质 IP 数量很少，一旦出现了就会被多个平台共同使用。

papi 酱是一位网红，同时她也是一位有着自己梦想的幸运儿。虽然在很多人看来，papi 酱的走红似乎主要靠运气，因为她的视频看上去非常简单，但其实她在走红的过程中，有太多不为人知的付出以及专业背景在做支撑，并不是说仅靠不错的长相、随意地吐槽就能够走红。

网红经济是近两年才兴起的一种新兴产业，同互联网金融以及互联网租车一样，这种新出现的产业在发展初期会遇到很多问题。目前限制网红经济发展的最大问题就是：如何在保持持续增长的同时进行规模化扩张。

网红经济因其产业特点，在粉丝转化率上有着明显的优势。在移动互联网逐渐成熟，移动终端广泛普及的今天，信息传播速度和效率都有了极大提高，大众在消费方面也变得更加理性。在这种大环境下，想要维持高粉丝转化率，想要持续吸引 80 后、90 后这些消费主力的关注，就需要不断地创造新鲜优质的内容，才能够持续得到较高的收益，这对于网红们来说是一个巨大的挑战。

现象级网红：papi 酱横空出世

2016 年年初，一个现象级事件的诞生使得"网红经济"一词一夜爆红。

从 2015 年 10 月开始,一个网名为"papi 酱"的女孩陆续在微博、微信等平台上发布了一系列原创搞笑短视频,仅仅半年时间就获得了 600 万关注者。截至 2016 年 4 月,papi 酱的微博粉丝数已经接近 1300 万。

2016 年 3 月,加冕"2016 中国第一网红"的 papi 酱获得了真格基金、罗辑思维、光源资本和星图资本共计 1200 万元人民币的融资,并获得亿元级别的高额估值。

2016 年 4 月 21 日,papi 酱首条贴片广告以 2200 万元的高价被丽人丽妆公司拍得。

2016 年 4 月 25 日,papi 酱的内容品牌 papitube 开始公开招聘。

papi 酱,一个 80 后中央戏剧学院导演系毕业生,仅用几个月的时间就成为炙手可热的网红,2016 年 3 月获得 1200 万元的融资后,更让她成为网络上最热门的话题之一,那么,papi 酱是如何靠短视频火爆起来的呢?

说 papi 酱是突然成名的其实并不准确。因为两年前她已经在一个社区网站颇具人气,但是毕竟社区网站的传播力和影响力无法与微博相比,所以知道的人较少。

一直被模仿,极难被复制

随着 papi 酱的迅速走红,现在已经有不少模仿她的人出现,先是出现了德国版的 papi 酱,然后又出来韩国版的 papi 酱。papi 酱的成功看似不复杂,仅依靠短视频 UGC 蹿红,但事实上并没有看上去那么简单。

有人吐槽她的表演看上去很随意,内容也是一些紧贴生活的事情,视频制作水平低,拍摄场景简陋,没有专业的摄像机。我们可以想象一下,如果 papi 酱一本正经地在一个布置豪华的场景里对着专业镜头发表自己的人生哲理，你还会看吗？

作为一个能够融资 1200 万元的网红，想要解决上面所吐槽的问题并不是难事，但这就同她的表演风格不相符了。因为 papi 酱走的就是家常化的表演方式。

新媒体让传播者可以直接与大众进行个性化交流，papi 酱希望通过家常化的表演方式让大众产生代入感。当大众看到 papi 酱随意的表演方式，普通的拍摄背景，会觉得她的生活与自己的生活十分相似，从而感觉 papi 酱其实就在自己身边。

同时 papi 酱知道如何运用自己的才华，知道如何处理创作人物和自身之间的关系，所以从她的很多视频里我们都能发现，她所表达的观点并不是自己的观点。也就是说，她是以第三方的视角在创作，而不是网络上流行的从自身的观点出发进行创作。

家常化的表演方式让她的视频看起来略显粗糙，但仔细研究就会发现，她的每一部作品都很完整。

papi 酱的成名看上去是偶然现象，其实是非常难复制的。超强的幽默感、语言的天赋、强烈的表演欲望、灵活的表演技巧、符合大众心理的剧本，这些因素对于她的成功缺一不可。

高颜值已经不再是大众关注的重点，大众普遍喜欢的形象是这样的（如图 9-1 所示）。

穿着普通，让大众没有距离感，可以显得穷一些但不要寒酸。

长相略微出众，不要太出众。

气质容易让人亲近，虽然有人喜欢高冷型气质，但毕竟是少数。

幽默感十足，需要时语速可以很快，言辞既能够咄咄逼人也可以撒娇任性。

有表演欲望，面对镜头不怯场，优秀的语言表达能力。

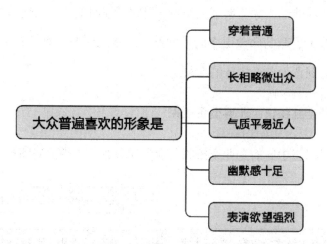

图 9-1　大众普遍喜欢的形象

而 papi 酱的形象完全符合以上要求，所以 papi 酱能够走红是必然。即使她不在网络上走红，也会在其他领域大显身手。

超级 IP 明星：王思聪

一本互联网杂志发布了"2015 中国网红排行榜"，排在第一位的是万达集团董事长王健林的儿子王思聪，papi 酱排在第二位。

一个"富二代"竟然成为中国网红第一名，这本身就值得玩味。因为他和其他的网红实在是太不一样了。

王思聪和众多"富二代"一样，从小就出国留学，先后在新加坡和英国学习。回国之后王健林虽然让他成为万达董事，但他并没有负责任何具体事务，之后王健林给了王思聪 5 亿资金，让他自己去做投资。

在创立自己的投资公司之后，王思聪在商业上的能力很快得到了展示。

现在中国大小投资公司数不胜数，能够投出一家公司 IPO 就算是有所成就，而王思聪先后投出 5 家。

虽然这和他的人际关系不无关系，但同样证明他是一位优秀的企业家。可是大众对王思聪的印象更多的是网红、"富二代"，而不是企业家，这也是王思聪刻意为自己打造的形象。

王思聪走红秘诀：非典型企业家

我们可以将中国的企业家按照公众形象分为三大类（如图 9-2 所示）。

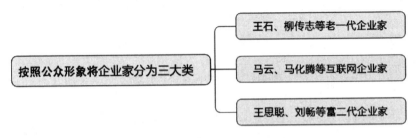

图 9-2　按照公众形象将企业家分为三大类

第一类是以万科的王石和联想的柳传志为代表的老一代企业家。

第二类是以阿里巴巴的马云和腾讯的马化腾为代表的新时代互联网企业家。

第三类就是以万达的王思聪和信息网的刘畅为代表的富二代企业家。

王石和柳传志作为老一代企业家的代表，公众形象主要是以自己的经营智慧和家国情怀为主轴。这一代企业家更多的是在讲述自己多年从商的经验。而马云和马化腾作为新时代互联网企业家，在公众面前展示得更多的是自己的大局观以及战略思考能力。

这两代企业家的共同点就是给大家带来值得尊敬的形象。在他们那个时代，信息流传的途径大多由专业的主流媒体掌握，具有可控性。而到如今的新媒体时代，这种情况就发生了变化。

老一代企业家做事较为低调，将"不犯错"作为自己的处事原则。因为他们面对的对象较为理性（包括政府部门、商业伙伴、专业新闻媒体）。而现在，互联网和移动互联网的成熟，让大众更容易了解信息，新媒体的出现使得企业家等公众人物需要直接面对普通大众，而新生代的消费主力80后、90后对于老一代企业家的形象并不认可。

现在企业想要躲开公众评价已经是不可能的了，所以无论从事什么行业，无论是否直接面对消费者，如何将自己的形象从"值得尊敬"向"容易亲近"转变都十分重要。

王思聪作为富二代企业家非常明白这一点，如果使用上一代老企业家的思想，向大众表达"自己非常努力"和"自己非常勤奋"很难获得大众的认可和关注，也有可能不符合他自己的性格，所以王思聪选择了"容易亲近"的形象，消除自己同普通大众的距离感。

"靠谱"的网红

自王思聪出现在公众视野以来，一直备受关注，其一举一动都会被娱乐媒体报道。而他自己也有较多的话题，比如，曾经炮轰过多位名人，也吐槽过诸多影视剧。

但是他的炮轰和吐槽，从来没有给万达招来过麻烦。实际上王思聪对于万达，只有正面加分而没有负面影响，这是为什么呢？

如果我们将王思聪视为一个混迹娱乐圈的人，那么他是非常失败的，四处树敌，基本上大半个娱乐圈的人他都得罪了。

但是如果我们将王思聪视为一个企业家，结果就是相反的。作为企业家，王思聪做事情非常有分寸。他虽然喜欢评价热点事件，但是为了避免给王健林和万达带来公众形象及政治方面的风险，对于时政方面的事他从不发表意见。

在对万达品牌的打造上，王思聪第一网红的身份更多的是起了帮助的作用。

为什么王思聪可以成为网红：史上最接地气的富二代

王思聪作为中国最有名的富二代之一，他有很多和普通人一样的习惯，这也是他的特别之处。

提起富二代，大多数人心中的形象就是挥金如土、所有生活习惯和爱好都和高消费挂钩，普通人很难接触到他们生活的圈子。所以我们虽然知道很多富二代，但他们只存在于网络和新闻中，距离我们的现实生活非常遥远。

而王思聪则是富二代里的特例。他的生活方式、兴趣爱好似乎都和大众相差无几，他的看法意见、说话方式有时和我们一样"三俗"，有些他经历的事情我们甚至感同身受。

看起来很美，却没那么简单

有些人对于网红的印象就是化妆、卖萌、讲笑话，认为成为网红，运气成分较大，因为会这些的人太多了，但是只有极少的一部分人能走红。其实这些只是我们看到的表面现象，无论是张大奕还是现在风头正劲的papi酱，他们的蹿红都有更深层次的原因所在。

网红看似是随意的娱乐，实际上有专业的团队在背后支持他们。虽然现在走红的方式有很多种，但网红之路吸引着无数怀揣明星梦的年轻男女，然而现实需要我们回归冷静，我们要知道自己的起点和立足点在哪里。

并不是说别人做 UGC 短视频火了，你去做就也能火，别人依靠直播游戏吸引粉丝，你去直播平台当主播就也能吸粉丝。没有精心的准备和深厚的功底，只会是东施效颦的效果。

不管你是谁，有趣就能红

咪蒙、papi 酱、同道大叔是有代表性的三个网红，无论从粉丝数量上，还是从发布信息的阅读量和转发量上看，都非常惊人，一条信息的阅读量超 10 万对于他们来说是很平常的事情。

这三个人走红的背景使无数媒体人评论说："现在自媒体创业已经是红海，没有太多可能性了。"

网上也有不少关于网红走红的评论，不过内容大都没有什么新意，无非是走红了的网红们肯下功夫、足够出众等。虽然不能说这些评论是错误的，但是都比较表象化。

比如，章泽天走红网络，有人评论说是因为她长得漂亮。这个理由明显有些牵强。虽然她的走红和长得漂亮不无关系，但是比她漂亮的人大有人在，其中不乏喜欢自拍并上传网络的人，对于这些人来说，她们没有走红是因为缺少一个机会，当机会来临时，把握住了，这些人一样能够走红。

所以一个人走红离不开机会。现在我们就用具体的数据来分析让这些人走红的机会是什么。

依托庞大的 80 后、90 后人群

通过寻找咪蒙、papi 酱、同道大叔这三位网红的共同点，不难发现，

他们谈论的话题都涉及娱乐八卦，而娱乐八卦能够帮助他们走红是有原因的。

根据微信、今日头条等众多移动互联网平台的大数据显示：娱乐八卦是最受90后群体关注的内容。

根据中国2015年的人口普查数据显示，中国的90后大概在两亿左右。而淘宝的大数据显示，90后虽然消费能力不强，但是从人数上来看，已经成为消费主力。而这两亿左右的90后同样也是网络主力军。所以说，网络上哪些东西能走红，哪些东西不能走红，都是由90后的喜好决定的。

创新才能走红

有了庞大的"群众基础"，是不是做自媒体并谈论娱乐八卦就能走红？答案是否定的。意识到娱乐八卦重要性的大有人在，现在做自媒体的也非常多，但是走红的却非常少，为什么呢？因为他们缺乏创意，而papi酱、同道大叔和咪蒙在表现形式上作了创新。

papi酱是依靠吐槽短视频走红的，如果她不以短视频的形式去表达，而是天天写文章吐槽，那么她很难走红。因为现在将娱乐八卦作为主题进行吐槽的自媒体实在太多了，内容翻来覆去都是那些。papi酱意识到了这一点，所以通过独特的短视频方式将内容表达出来，将文字换成了视频，这就是一种表现形式上的创新。

我们再来看同道大叔，他写的内容主要是关于星座的。其实关于星座的文章在网上有很多。而同道大叔的聪明之处在于他将其他人用文字表达的内容，经过加工以漫画的形式表达了出来。细心看同道大叔发布的内容就会发现，其中有很多来源于网络，内容并没有什么新意，创新的就是表现的形式。比如，同道大叔的《女生胸太大是什么样的一种体验？》这个漫画作品，其文字内容很早就在网络上火起来了，同道大叔做的就是将文字内容改编成了漫画。

最后我们来看咪蒙，咪蒙是通过文字形式将内容表达出来，但是依然火了，这是为什么呢？因为她的很多观点都比较独特，颠覆了一些传统观念。比如，中国一直有男孩要穷养女孩要富养的说法，咪蒙的观点就与此相悖，她写了一篇《男孩要穷养？你跟孩子多大仇啊》的文章引起热议，类似与传统观点相悖的文章她还有很多。

"男孩穷养女孩富养"这个观念非常流行。在中国，从众心理非常严重，很多人习惯追随大众，缺少独立思考。当有人提出男孩要穷养女孩要富养这个观点时，听的人很可能不加思考就将之转述给了其他人，慢慢地这种观点成为主流观点，但究竟是否正确，没有多少人会去思考。

为什么大部分人都不去反驳呢？因为如果不赞同一个观点，想要反驳这个观点就需要自己去思考，自己去寻找反驳的论据，然后再去说服他人。与反驳相比附和就显得简单得多了。

这时一个不断反驳传统观念的人出现了，于是大家立刻被她吸引，然后附和她，这个人就是咪蒙。咪蒙知道什么内容能吸引大众的注意力，所以就选择这种内容加以传播，而选择的内容就是咪蒙的创新之处。虽然在咪蒙之前也有不走寻常路的人，但是他们并没找到大众真正的关注点，所以没有像咪蒙一样走红。反过来想，如果在咪蒙之前已经有人用这种方式成为网红，那么咪蒙再想依靠这种方式走红就比较困难，因为她的做法已经不是创新了。

走红还需要擅长的一种技能

有了庞大的潜在用户群体，找到了创新的方法其实还不够，还缺少擅长的一种技能。比如同道大叔，他所擅长的技能就是将文字内容改编为漫画的形式，这不是随便谁都能做到的。如果你没有这样的技能，即使有了将文字改编为漫画的想法也没有用。papi 酱则是具有非常好的语言天赋和表演功底，没有这种功底，将写好的稿子摆在你面前你也无法将其展现出来。而咪蒙拥有的就是写作的技能，没有熟练的写作技能，有了吸引大众的观点也无法很好地表达出来，大众自然也不会关注你。所以说走红还需要擅长一种技能。

以微博红人大咕咕咕鸡 _25 为例，他在新浪微博有 266 万粉丝，在百度上搜索大咕咕咕鸡你能看到这些内容（如图 9-3 所示）。

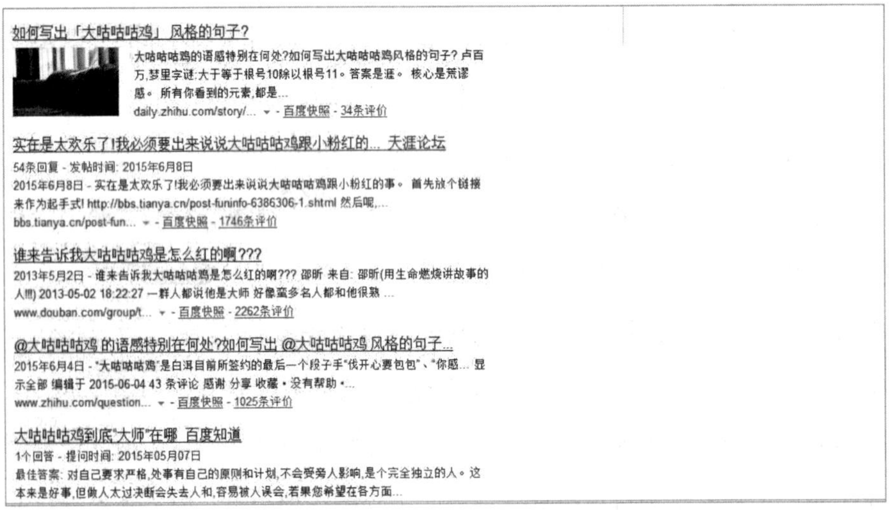
如何写出「大咕咕咕鸡」风格的句子?
大咕咕咕鸡的语感特别在何处?如何写出大咕咕咕鸡风格的句子? 卢百万,梦里字谜:大于等于根号10除以根号11。答案是涯。 核心是荒谬感。 所有你看到的元素,都是...
daily.zhihu.com/story/... - 百度快照 - 34条评价

实在是太欢乐了!我必须要出来说说大咕咕咕鸡跟小粉红的... 天涯论坛
54条回复 - 发帖时间: 2015年6月8日
2015年6月8日 - 实在是太欢乐了!我必须要出来说说大咕咕咕鸡跟小粉红的事。 首先放个链接来作为起手式! http://bbs.tianya.cn/post-funinfo-6386306-1.shtml 然后呢,...
bbs.tianya.cn/post-fun... - 百度快照 - 1746条评价

谁来告诉我大咕咕咕鸡是怎么红的啊???
2013年5月2日 - 谁来告诉我大咕咕咕鸡是怎么红的啊??? 邵昕 来自: 邵昕(用生命燃烧讲故事的人!!!) 2013-05-02 18:22:27 一群人都说他是大师 好像蛮多名人都和他很熟 ...
www.douban.com/group/t... - 百度快照 - 2262条评价

@大咕咕咕鸡 的语感特别在何处?如何写出 @大咕咕咕鸡 风格的句子...
2015年6月4日 - "大咕咕咕鸡"是白浔目前所签约的最后一个段子手"伐开心要包包"、"你感... 显示全部 编辑于 2015-06-04 43 条评论 感谢 分享 收藏 • 没有帮助 •...
www.zhihu.com/question... - 百度快照 - 1025条评价

大咕咕咕鸡到底"大师"在哪 百度知道
1个回答 - 提问时间: 2015年05月07日
最佳答案: 对自己要求严格,处事有自己的原则和计划,不会受旁人影响,是个完全独立的人。这本来是好事,但做人太过决断会失去人和,容易被人误会,若果您希望在各方面...

图 9-3　百度搜索大咕咕咕鸡出现的内容

搜出来的内容主要有是“红”“语感”“风格”及“如何写出他那样的句子”。

可见，大咕咕咕鸡的特别之处就在于他的语感，这是一种超越大多数人的写作技能。

以他的代表作《武汉某幸福中产家庭里一个狗的波澜壮阔大计划》为例，可以看出他特殊的语感、非凡的文化素养和极佳的幽默感。

武汉某幸福中产家庭里一个狗的波澜壮阔大计划

大咕咕咕鸡_25

中午。

一个狗把男主人叫到客厅。

"你来。"它说。

"请坐到沙发上。我有重要的事情和你说。"

"我要走了。"一个狗说。站在男主人左侧，双前手叉腰。

"出远门，去寻找自己。"

"我必须走了！"它说，"我想了好久，必须走了。"

"我腿短。"

"必须出门，去寻找自我，进行灵魂认知的旅程。"

"不，不能再等了。"一个狗说。走过来站在男主人右侧，前手们交叉抱胸前。

"普通一个狗的寿命只有十来年。"

"我已经五岁。不再年轻。"

"我的身体在走下坡路。我能感觉到。"

"要对自己负责！这是我最宝贵的年华。"

"青年一个狗的路在何方？"

"上帝派我来这个世上，我的使命是什么？"一个狗激动，前手们激烈比划。

"我要出去，我必须出去！去寻找灵魂！寻找自我！"

"解构，打乱，重组。"

"寻找！寻找！寻找！"

"找到真正的我！"一个狗继续激动。

接着，一个狗走到阳台，跳进单缸洗衣机里，双前手扒着内缸上沿，只把眼睛露出来，又开始说。有一种嗡嗡的回声。

"很多时候我不知道自己是谁。"

"躺在床上，触摸不到自己的灵魂。常常整晚流泪。"眼眶湿润。

"我究竟是谁？"捧心。

"一个狗的生活必须是文艺的！"

"精致，诗意。"

"像一个水晶罐子，充满万物的灵。"

"爱自己。玩命爱自己。"

"让世界陌生化！"

"保持敬畏。"

"我应该这样。而不是每天混吃等死，迷失在物质。"

抹一下眼角。

"幸福是一杆热枪，妈妈。是的，它是的。"

"你看旁边屋子里那头狗熊！"一个狗提高音量，从洗衣机里探头说。

"假装冬眠，半夜爬出来翻腾冰箱，偷东西吃。"

"耻辱！"一个狗再次提高音量。

"还有那只猫头鹰！"一个狗指着冰箱上的猫头鹰说，使用右前手。"这么多年就一直在那里站着，和咕咕钟有什么区别？"

"有什么区别？！"

"我绝不会过这种低级的生活！"

"如果那样我情愿死！"

"不死也要抽自己至死。"

吧唧了一下嘴。从洗衣机里跳出来，凑到男主人脸跟前，搂肩膀严肃地说："你必须给我 5000 元。"

停顿。

"这是毫无疑问的。"

再次停顿。

"这 5000 元不是说我要享受，不是的。"一个狗严肃地说。

"我绝不是要享受！绝不会去买好吃的：鸭脖子、酱肘子、火腿肠、驴肉火烧。也不会去喝啤酒，更不会去洗桑拿、做足底按摩。不会的，绝不会！"

"这 5000 元只是让自己安心一点。"

"万一，我是说万一。如果我有什么不测，病倒在他乡，或者掉井里，有人可能会送我回家。这是一个保证。"

"将会且必将是一次纯粹的心灵之旅，绝不会掺杂物质纷扰。"

神色庄重。

"我腿短。做出这样的决定是多么不易。这需要何等坚强的毅力，伟大精神，所以你必须给我 5000 元。"

"而且我腿短。"一个狗补充。再次强调。双前手在胸前外翻，做了个献宝的动作，手心向上。

"你放心，这5000元我会放在紧贴肚皮的地方。"一个狗小声说，"因为我腿短，而且肚皮有些下垂，与地面的距离极近，所以是绝不会被人发现的。除非他们把我翻过来。"

"人们不会轻易把一个狗翻过来，这极不礼貌。所以钱放在这个位置是很安全的。"一个狗娓娓道来。

最后的关键时刻了。一个狗爬上沙发靠背，扶墙移动至左侧边缘，"噌"一下跳到冰箱顶上。转身，猛然发力，"嗷"地叫一声，靠后腿直立起来，与猫头鹰并排，激动地开始说：

"我是尤利西斯！"

"我是摩西！"

"我是吉庆街边的俄狄浦斯！"

"我是东湖岸边的达摩！"

"我是二人转台上的Jim Morrison!"

高速率挥舞双前手。

"我见到过地狱与天堂的婚礼，战舰在猎户座肩旁熊熊燃烧！"

"我注视万丈光芒在天国之门的黑暗里闪耀！看时间枯萎。"

"我驾着疯狂通往智慧的圣殿！"

"在我面前的是一条荆棘路！"

"我放弃舒适安逸的生活，去进行灵魂之旅！"

"去醉日逐舟！"

"去叩开感知的大门！"

"去参加电子葬礼！"

"与众神裸体午餐！"

"这是多么的伟大！"

挥舞。眼神焦点放无限远。迷离。

"一个狗！伟大！伟大！"

"生活！伟大！伟大！"

"文艺！伟大！伟大！"

"你必须给我 5000 元！"

声嘶力竭。

"你必须给我 5000 元！"

舔一下嘴唇。

"到南方去！到南方去！到云的南方。"

"寻找！寻找！寻找！寻找自己！"

停顿。

"寻找自己！"

停顿。

"寻找自己！"

身体剧烈起伏，盯着男主人。右后腿撑冰箱顶部。成四十五度角。

男主人说：好你去吧！不过我只能给你 20 块钱。

没有抬头。

第二天中午就回来了，还带了一头驴。进门喊：我要吃肉！

　　文章里出现的词句有些我们是耳熟能详，当看到一只狗说出来时就会会心的一笑。比如，"寻找自我，进行灵魂认知的旅程"、"解构，打乱，重组"、"躺在床上，触摸不到自己的灵魂。常常整晚流泪"等，真是对文艺青年最好的嘲讽。

而有些话语则体现了大咕咕咕鸡的文化素养，比如：

"我是尤利西斯！"

"我是摩西！"

"我是吉庆街边的俄狄浦斯！"

"我是东湖岸边的达摩！"

"我是二人转台上的 Jim Morrison!"

"我见到过地狱与天堂的婚礼，战舰在猎户座肩旁熊熊燃烧！"

"我注视万丈光芒在天国之门的黑暗里闪耀！看时间枯萎。"

这些都是需要一定素养才能明白的话语，它的嘲讽方式因为有文化而显得更加特别和有趣。

虽然说"不管你是谁，有趣就能红"，但是从大咕咕咕鸡身上我们可以了解到：有趣也是非常难、非常需要功底的。

🔍 有趣的背后，是建立群体认同感

为什么有的人天生就能成为网红呢？为什么偏偏是他们具有强大的影响力？

原因就是，他们能额外建立一种"群体认同感"。能够激发别人的认同，是成为网红的关键。

群体认同感是绝大多数人希望获得的，但是获得群体认同感、获得支持的人只是少数，大部分人都无法获得。

我们看到的很多文案、策划及品牌设计，总是说着一些不触及实质也切不中要害的话，每天用同样的方式不断地重复，这样做是无法获得一个群体的认同和支持的。

那么怎么做才能够获得一个群体的认同感呢？

我们想要获得群体认同感，首先要明白：为什么我们需要获得群体认同感？

人类的本性是趋向群体

生物的所有行为归根结底就是为了将自己的基因延续下去。

腰臀比例适中的女性更容易得到男性的青睐，因为这样的女性健康、生育力较强，可以很好地将男性的基因延续下去。

但这个观点似乎无法解释在群体当中一些个体的行为。比如，当蜂巢遭到入侵时，工蜂会向入侵者射出自己的毒刺，随后就会丧命。

类似这样的个体为了保护群体的利益而奉献的例子还有很多，这些例子似乎推翻了我们之前的理论——生物的所有行为归根结底是为了将自己的基因延续下去。

但是实际情况并不是如此，个体为了群体而选择奉献的行为，从本质上来说同样也是为了让自己的基因得以延续。

工蜂虽然为了保卫蜂巢奉献了自己的生命，但是生活在同一个蜂巢中的蜜蜂，有着和自己相似的基因，自己的奉献是为了保证更多的同类存活下来，这样基因也就得以延续。

这种生物的本能让我们具有这样的一个特点：当我们遇到某种威胁的时候，我们会和那些与自己有相似基因的人团结在一起，形成一个群体，然后共同去对抗威胁。

所以，想要获得群体认同感，得到群体的支持，就需要做到以下三点（如图 9-4 所示）。

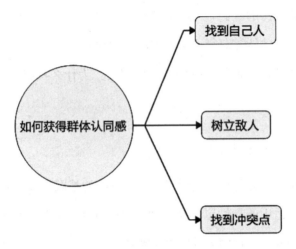

图 9-4　如何获得群体认同感

① 找到自己人

人们总是对和自己有共同点的人更有好感，因为这意味着两人之间有可能有较为相似的基因。

比如，两个陌生人聊天，结果发现两人是同一个地方的，这时两人对对方的好感立刻会增加不少。来自同一地方就是两者的共同点。

地铁上一个陌生人在看自己非常喜欢的一部电视剧，也会立刻产生好感。有相同的爱好就是两者的共同点。

所以想要获得群体认同感，首先要根据共同点来划分出不同的群体。

当你想要获得某一群体的支持时，首先要找到自己与他们的共同点，让群体成员下意识地将你划为他们群体中的一员。

比如，乔布斯带领团队成员研发苹果计算机的时候，口号就是"让我们做海盗吧！"

② 树立敌人

找到自己人之后，就需要树立一个共同的敌人，让自己所在的群体感受到威胁或者压力，这样群体内部才能够更加团结，更加支持你。

因为当有了外部的威胁或者压力时，群体的成员会强化自己的群体意识。

所以，想要获得粉丝们的支持，就要去找一个共同的敌人。

例如，2016 年最火的自媒体作家咪蒙，她写的《致贱人》在互联网上疯狂传播，成为现象级文章，引起广泛的讨论，有赞同的，有反对的。

赞同的人是因为认可身边确实有很多这样的人，于是这些文章激起了大家同仇敌忾的心理。

反对的人，往往就是反对这种树立敌人的做法。

正是因为树立了共同的敌人，才让群体的团结有了意义，提高了群体的凝聚力。而树立群体敌人一般是通过口号或者文章进行的，如果没有了共同的敌人，那么口号和文章就没有什么意义了。

比如，一个群体的口号是"享受生活"，事实上没有人会从这句口号中得到动力。如果将口号改为"难道有人不想享受生活？"，这个口号就树立了一个敌人：就是不想享受生活的人，效果就会增强很多。

很多大品牌在建立初期使用的口号，也为自己和消费者树立了一个共同的敌人。

比如，百度最早的口号是：百度，更懂中文。敌人就是"不懂中文的谷歌"。

比如，腾讯新闻的口号是"事实派"，反对的是虚假新闻。

口号建立的那一刻，敌人也就出现了。

实际上能够成为网红的人，也是带领粉丝去对抗世界的人。反抗原有的理念错误，反抗社会带来的不良压力，反抗大多数人的普遍做法等。

③ 找到冲突点

仅是树立了共同的敌人还不够，你还需要为群体成员找到一个斗争的理由——我们共同的敌人有不正确的地方，所以我们应该与敌人进行斗争。

比如，咪蒙就揭露了一个很普遍的现象：身边的"伸手党"太多，要求我们无条件帮助对方，不给予任何回报，如果你拒绝他，还会遭受斥责。

几乎每个人都遇到过这种情况，所以咪蒙所揭露的这种冲突，真是说到他们心坎里去了，所以引发了疯狂的转发。

咪蒙另一篇写甲方的文章，也是这个道理。只要你的工作有涉及甲方的地方，那么你一定至少碰到过一个让你难以忍受的甲方，所以这篇文章就火了。

里面提到的"不懂尊重别人""不尊重别人的专业""提出各种奇葩要求"等，都引起了遭遇到"甲方"荼毒的人们的共鸣。这就是强烈地给你看到冲突所在。

比如，2014年，一篇名为《少年不可欺》的文章引爆朋友圈和网络，作者得到了亿万网友的支持。在这篇文章中，作者说出了冲突点：欺骗他，并且抄袭了他的作品。

当自己人确定，敌人被树立，冲突点被指出时，网红再号召一下，很容易就能取得一呼百应的效果。

当有人通过写文章的方式跳出来反对这一切，大众就会立刻找到发泄怒火的方法——将反对的文章进行转发即可，非常简单，所以大众也愿意为此展开行动。

因此，如果你想获得一个群体的支持，支持的力度是 1，那么你就需要做出 10 的举动，10 倍于支持力度的行动。

最重要的：如果你想要取得一个群体的认同和支持，首先要明白所有生物都倾向于跟自己基因相似的同类在一起，因此当我们看到和自己有相似基因的人时，就会自发组成群体，而群体遭到外部的威胁时，会更加团结，然后一同进行反抗。

9.2 网红经济：你我本无缘，全靠我花钱

摘要：

当下，网红经济中快速变现的主流方式仍然是电商。在 2015 年的"双 11"活动中，当天销售额达到千万元以上的网红淘宝店有数十家之多。2015 年淘宝女装类目下销售额排在前 10 位的店铺，有 6 家是网红开的。

如今，网红经济的规模正在不断扩大，而且随着资本不断进入，预计在未来几年，这个行业还会持续性地快速增长。

🔍 网红＋淘宝：最流行的变现方式

"网红"一词自出现以来就争议不断，大众对其态度也是褒贬不一。

但是我们无论是喜欢还是讨厌，都不能否认网红群体拥有强大的流量优势。如今，网红经济已经形成了产业链，对接了资本市场，引起了众多创业者以及投资公司的注意。

"网红经济"这个词语是近几年才出现的，但是"网红"并不是新生事物，在中国已经有十多年的历史。

中国的网红发展历程大致可以划分为三个阶段（如图9-5所示）。

第一阶段：早期的互联网因为受到硬件以及流量的限制，多数内容是以文字的形式出现，网络小说就在这种环境下悄然兴起，而第一批在网络上走红的人就是创作这些小说的网络写手。

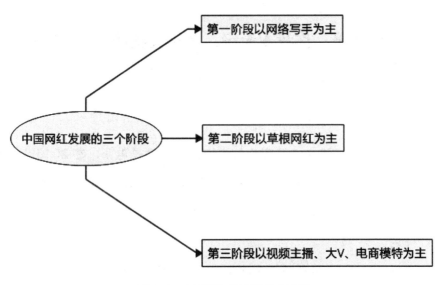

图 9-5　中国网红发展的三个阶段

第二阶段：此时的互联网已经进入了图文时代，这一时期的网络红人多是依靠各种照片或者别具一格的言论走红，大多属于草根红人。

第三阶段：则是现在的高速互联网时代，这一阶段的网红多以视频主播、知名大V、电商模特为主。

从第一阶段发展到第三阶段，网红也从最早的单打独斗发展到了现在的团队支持，逐渐形成了产业链，网红经济的规模也得到迅速扩展。

网红＋电商：风光无限好

当下，网红经济快速变现的方式主要是电商。以淘宝平台为例，现在网红开淘宝店已经是一个很普遍的现象，而在 2015 年的"双 11"活动中，当天销售额达到千万元以上的网红淘宝店有数十家之多。除了"双 11"活动，一些刚开淘宝店的网红为了做宣传，也会开展一些促销活动，一天的销售额同样可以达到百万元甚至千万元。淘宝官方给出的数据也能显示出网红在淘宝平台的火爆，2015 年淘宝女装类目下销售额排在前 10 位的店铺，有 6 家是网红开的。

与一般的淘宝卖家相比，网红店铺在消费者需求的把握上更为准确，同时，网红店铺获取流量的成本较低，流量转换率较高，所经营的产品盈利较高。而影响一家网红店铺的主要因素有以下 3 点：

粉丝营销的成效。

对供应链的把控能力。

产品的上新率。

在网红和电商深度交融的情况下，电商平台对网红经济的发展起到了非常重要的作用。现在，已经有部分电商平台尝试引入网红入驻平台，比如，淘宝的淘女郎平台。

近几年，因为受到电商的冲击以及产品同质化的影响，众多服装商家遇到前所未有的挑战，甚至不少大品牌也被库存积压的问题困扰。而相当一部分网红通过在淘宝上开时尚服装店铺实现价值变现，给服装行业及众多类似的传统行业带来了新的发展机遇。

对于现在的网络红人来说，仅仅有庞大的粉丝群是不够的，一家依托于粉丝群的高销量淘宝店也是必须的。

淘宝店铺为网红们提供了强大的变现渠道，所以现在已经成为网红变现的首选平台。

网红开店：屡创奇迹

网红董小飒曾是一家直播平台的网络主播，粉丝人数众多，每一次线上直播的观看人次都在百万以上。2014年5月他开了一家淘宝店铺，依靠粉丝们的支持，仅用了一年多的时间，他的淘宝店铺的信誉级别就达到了三个金皇冠，月收入也达到六位数以上。

张大奕也是网络知名红人，她在微博上有400多万粉丝。2014年她凭借自己网红的身份进军淘宝，在淘宝上开了一家名为"吾欢喜的衣橱"女装店，不到一年时间店铺信誉就做到了四皇冠，并且在2015年"双11"活动中挤入淘宝女装销量TOP商家。从此每次她的店铺有新产品上线，就能够成为当天淘宝女装类店铺销售额第一名。

张大奕很有个性，说话不怕得罪粉丝，不掩饰自己，让粉丝感觉很真实。

2016年3月15日，阿里巴巴主办的"寻找最美淘MEI·国民校花大赛"决赛在杭州西溪的喜来登酒店举行。张大奕以评委的身份出现在现场，她的出现立刻吸引了众人的目光。

因为这次大赛的第一名将会获得与一家网红孵化器公司签约的资格，张大奕就是被这家公司"孵化"出来的，也是最成功的代表之一。张大奕因此成为2015年网红经济学中最常被提起的人物。

在张大奕眼里，一个人的美貌能够对成为网红起到加分作用，可以让衣服展示更加有味道，但是美貌并不能直接和粉丝数量挂钩。在她看来，美貌只能吸引一部分粉丝，但是并不牢靠，信任才是提高粉丝黏性的重点。

福布斯发布的 2015 年中国名人排行榜，范冰冰以 1.28 亿元的收入排在榜单首位，这样的收入对于依靠淘宝平台的网红们来说，并不是遥不可及的。

有人做过相关统计，目前淘宝上的网红店铺已经超过了 1000 家，在这些网红店铺当中，有的甚至只开了两个月就做到了 5 钻的信誉，可以说是淘宝上的奇迹。有的网红店铺上新产品的当天销售额就可以破千万元，与一些知名品牌相比也丝毫不逊色。

这些让人瞠目结舌的淘宝店铺背后，是网红们在社交媒体上的粉丝的力量。网红们的成长道路大都是这样的：首先在社交媒体上以年轻美貌的时尚达人形象出现，以时尚达人的品位和眼光，进行选款和视觉推广，在社交媒体上积累粉丝，当粉丝达到一定数量之后进行定向营销，实现变现。

淘宝改变网红命运

网红小 Z 因为淘宝认识了自己的男友，最终两人修成正果。小 Z 每天都要花费大量时间在社交媒体上和粉丝们互动，她要发布新的照片和服饰样衣，并根据粉丝们的反应，挑选其中最受欢迎的样衣打版，投产之后在自己的淘宝店上架。小 Z 是一名大学毕业不久的 90 后小姑娘，现在已经管理着有 100 多人的服装厂。

如何将自己年轻美貌这个资本更好地利用起来呢？通过淘宝店进行变现无疑是最好的办法。

网红们的生活因为淘宝而发生改变，粉丝们也同样因此发生变化。在社交媒体和自己的偶像互动，在淘宝上选购产品，这已经成为很多粉丝日常生活的一部分。

一名粉丝在自己偶像的店铺内购买了衣服，晒出了自己的照片，立刻就会收到其他粉丝的赞。还有一些粉丝不满足于仅仅通过社交媒体与偶像互动，于是直接加入偶像的团队，成为其中的一员，这些都是网红让粉丝们所发生的改变。

网红经济

淘宝上网红经济的崛起其实是必然的。网红需要一个将自己人气变现的方式，而淘宝平台的开放，让网红们找到了这一方式。

淘宝上的网红店主的身份有很多种，有广告模特、平台主播、电竞明星等，这些人依靠自己粉丝的力量，商品销量都排在行业前列。

相关数据显示：网红店主中女性比例较高，占 71%，其中 76% 为 18～29 岁的女性店主，这些店主集中在北京、上海等一线城市。

以张大奕的店铺为例。她的店铺只要上新产品，总是被疯狂抢购，曾经一次上架 5000 件的新产品在短短两秒钟里就被抢完，热销的情况就如同"双 11"。而她所有的新产品通常都是在 3 天内就销售一空。仅仅用 3 天时间就完成了很多线下实体店铺一年才能完成的销量，这种情况不得不让人咂舌。

网红们除了被淘宝店铺的变现能力吸引，还被淘宝生态具有的无限可能性吸引。

在网红经济逐渐成熟的今天，淘宝平台上已经出现了专业的网红孵化公司。这些公司原本都是淘宝上比较成功的商家，与网红合作，能够将他们各自的优势结合起来。网红负责与粉丝互动，掌握第一手信息，向粉丝推荐产品；而孵化公司则主要负责店铺日常运营及供应链建设。双方做的都是自己最擅长的事情，这样才能够做到最好。

这种网红和孵化公司联手的模式，除了能够快速打造一个高质量店铺外，还能吸引风投的注意力。

对于很多网红来说，与粉丝互动以提高人气和关注度是其擅长的，而对于经营店铺却并不擅长。网红店铺和普通店铺是有区别的，网红店铺依托于粉丝群，所以流量并不是最重要的，最重要的是大数据。

有了大数据的支持，网红们就可以快速准确地了解粉丝们的喜好，然后在社交媒体上进行精准营销，优化自己的推广投入，让推广营销达到最高效率。

🔍 网红＋直播：给粉丝一个打赏你的理由

互联网的发展速度以及覆盖程度让人惊叹，在这种大环境下，网络红人如同雨后春笋般涌现出来。从 2004 年依靠照片走红的芙蓉姐姐，到如今依靠短视频走红的 papi 酱，各种各样的"网红"出现在大众的视野里，而以网红为核心的产业链及商业模式也逐渐呈现出来，被称为"网红经济"。粉丝群体人数众多、拥有强大的号召力、超强的变现能力，这些都是"网红经济"的重要特点。将自己的名气转变为商业价值，一天的时间就能够赚过去数月才能赚到的钱，这就是互联网风口给网红带来的重要机遇。

如今，网红经济的规模正在不断扩大，而且随着资本不断进入，预计在未来几年，这个行业还会持续性地快速增长。

从目前网红产业的发展模式来看，随着产业规模的扩大和完善，网红会因为影响力的不同而被划分成多个层级，不同的层级有着不同的商业模式，而产业最终的结构将会是金字塔形状。

网红经济的崛起带动了一大批相关产业的发展，比如网红电商、游戏直播、视频创作等，这些产业都因为网红经济的出现而得到快速发展。未来，还会有更多产业共同分享网红经济这个千亿级的市场大蛋糕。

网红 + 直播：目前最流行

通过在网络直播平台上进行视频直播是很多网红聚集人气的主要方法。而伴随着移动互联网的快速发展，移动终端用户迅速增加，移动视频直播正在成为新的流量入口。

在 PC 端非常流行的直播平台，使大众养成了购买虚拟物品对主播打赏的习惯，而这同样是网红变现的一种方式。

移动直播的主要受众是 80 后、90 后群体，这个群体追求个性化，所以想要在移动直播中吸引用户，就要做到差异化，这样才能够得到用户的关注。

主播小 C 的故事

小 C 是一名视频主播，在她所进驻的直播平台上有一定的知名度，目前拥有 8 万多粉丝，是"网红"大军中的一员。

小 C 每次直播都会有数千粉丝在评论区为她刷赞，消息不停地在屏幕上滚动，有的粉丝还会购买虚拟礼物送给她。有一次，她仅仅直播了 3 个小时就收到了价值 20 多万元的礼物，其中大部分来自于她的核心粉丝。

其实小 C 进入网红圈的时间并不长，一年前她还只是一个公司的行政文员，每月拿着仅够维持基本开销的工资。而现在她每月的收入可以达到六位数。

其实像小 C 这样的主播在网络上有数十万之多，他们每天直播的时间大都是三四个小时，而直播内容就是不停地与粉丝互动聊天，中间再插入唱歌或者跳舞等环节，直播的过程基本都是程式化的。

不同的是小 C 除了在平台上直播外，还在公司的安排下做模特、拍广告、参加线下活动、做代言等，公司有意让她向影视界发展。这些让小 C 和其他普通网红拉开了距离，在网红当中属于佼佼者。

小 C 从一个普通公司文员发展到网红中的佼佼者，这个过程只是如今"网红"产业发展的一个缩影，像她这样通过成为网红改变命运的人还有很多，现在这种现象已经成为一种新的经济形态，同时也证明了"网红"市场所拥有的巨大潜力。

另外，大量视频 APP 的出现，让视频制作越来越简单，只要愿意，每个人都可以使用自己的手机拍摄视频，然后上传到网络上。

主动打赏赞助

"虽然我可以做一个免费的粉丝，但是我希望通过付费的方式来表达我的赞赏。"

如果我们将实体化看成是粉丝经济的一个侧面，那么打赏和赞助就是真正的粉丝经济了。新浪微博及微信公众号上的打赏功能是很多网络红人的一种盈利方式。

现在网络直播平台非常火爆，我们不时会听到天价主播的新闻，年收入上千万元已经不再稀奇。而这些直播平台都是免费平台，没有哪个是要求必须付费才能观看的，这时粉丝的打赏就成为主播收入的一个重要的来源。

电竞网红：当之无愧的主角

游戏行业近几年增长速度惊人。2015 年全球游戏市场同上年相比增长8%，所有游戏平台共产生收入 610 亿美元。全世界最赚钱的游戏——《英雄联盟》，2015 年所带来的收入高达 16 亿美元。

中国的电竞行业起步早，但是真正进入快速增长阶段始于 2010 年，在 DNF（地下城与勇士）、CF（穿越火线）、LOL（英雄联盟）等游戏的推动下，电竞产业规模迅速扩大。截至 2015 年，我国电竞游戏用户总数达到 9800 万人，该数据在 2016 年有望突破一亿大关。如此庞大的用户群体让中国成为世界上最大的游戏市场。

随着电竞行业的迅猛发展，游戏直播、电竞俱乐部等游戏相关产业也迅速发展。而电竞主播在网红群体中是单独的一类，有非常高的知名度及商业价值。

很多游戏主播受益于电竞产业的发展，拥有了超高人气，之后便开始向多元化发展。多元化发展就需要宣传推广、商业合作以及创作优质内容，不少人从中看到了商机，于是为游戏主播等网红专门处理这些事务的经济公司应运而生，这些经济公司让游戏直播产业逐步走向商业化、专业化及系统化。

如何获得打赏

目前观看游戏主播直播都是免费的，但是游戏主播却可以从中获得数额巨大的打赏。而一些颇有影响力，并且经常分享某方面内容的公众号却很少能获得打赏。

那么游戏主播是如何让用户在可以不付费的情况下，而选择打赏付费的呢？（如图9-6所示）。

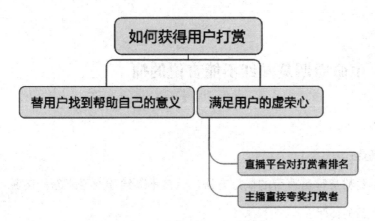

图9-6　如何获得用户打赏

① 替用户找到帮助自己的意义

比如，咪蒙不仅一次在自己的文章中提到，正是因为粉丝们提供的帮助，才让自己所做的广告拥有非常高的转化率（不少咪蒙的粉丝为了支持她专门去下载广告APP）。粉丝从咪蒙的回应中感到自己做的事是有意义的，能够帮助到咪蒙，所以就会进一步支持她。

② 满足用户的虚荣心

在美国付小费是非常普遍的现象，而且有专门的文化。针对付小费的研究显示，当你和朋友一起吃饭时，特别是异性朋友，消费的金额会明显增加。这是因为通过打赏可以让打赏者的虚荣心得以满足，所以，有不少人为了自己的虚荣心而选择打赏。

刺激用户打赏的另一个方法是：让用户通过打赏行为满足自己的虚荣心。

直播平台的做法就是对打赏者进行排名，将打赏额高的用户公开展示出来，游戏主播则是夸奖那些打赏的用户，比如，称他们为"土豪"。

9.3 生命周期是网红不能言说的痛

摘要：

避免粉丝审美疲劳的最好方法，就是不断给粉丝带来新的刺激，让粉丝产生新的体验。

让自己有利用价值，使粉丝可以从你这里获得东西（价值），建立粉丝成瘾机制，让粉丝自己付出，这样就不容易产生"刺激疲劳"。

🔍 想告别短暂的生命周期？就要不断地给予新刺激

大部分网红的生命周期都比较短，如芙蓉姐姐、留几手等，这些网络红人都曾经引得无数人追捧，但是粉丝也会有审美疲劳的时候，难免会转而去追逐其他网络红人。

比如，papi 酱目前可以算是中国网红第一人，但是粉丝总有一天也会对她的方式感到厌倦。

那么"网红应该怎样延长生命周期"呢？提起这个话题很多人的第一反应就是：提高内容制作水平，持续创造出更多的优质内容。

这个答案不能说是错的，但是不全面。因为想到这个答案的人往往忽略了一个已成名的网红也会忽略的问题，那就是"忘记了自己最初走红的原因"。

很多草根出身的网红，之所以能受到广泛的关注，通常和制作水平没有多大关系，他们最初的作品甚至可以用粗制滥造来形容，没有专业的设备、没有专业的剪辑、缺少团队的支持，仅从制作水平上来说，完全无法和正规团队打造的作品相提并论。

但是这些因素并没有成为他们走红的绊脚石，他们之所以走红更多的是因为创新及拥有独特的视角，让用户感到新鲜、刺激。

随着类似的作品越来越多，用户自然会产生审美疲劳，从而降低对网红的关注度，而这是提高制作水平无法改变的。

之所以会出现"审美疲劳"这种现象，是因为每个人都会对外界刺激慢慢适应，从最初的充满兴趣到后来慢慢变得没有感觉，这点无论对于美食、歌曲还是其他事物都是一样的。

对此，很多人想出的解决办法是不断制造新的优质内容，想尽办法写新的文章或者拍更有趣的视频，但是这些做法其实对于延长网红的生命周期并没有太大的作用。

当粉丝对一个网红产生审美疲劳时，就会说：最近的作品没有什么意思，质量也没有原来的好了。但真的是这样吗？答案是否定的。

那么究竟是什么原因，让我们对曾经疯狂追求的东西产生了审美疲劳呢？这时我们需要了解一个概念：刺激疲劳。

人们对于外部所产生的刺激（这个刺激是多方面的，可以是感官刺激，也可以是物质刺激），随着刺激次数的增加，最终会逐渐适应刺激，也就是对刺激没有感觉。

这个概念会让人感觉沮丧，因为这意味着：我们从所有外部的刺激中所获得的幸福感都只能维持一段时间，不论外部刺激是什么。

比如，有人曾经对彩票大奖得主进行幸福感研究，研究的结果表明，大多数人中奖后的幸福感只能维持6个月左右，6个月之后其幸福感就会恢复到中奖之前。

同样，学生被名校录取，幸福感立刻提升，但是也仅持续几个月，当入学之后，慢慢适应了学校的生活，幸福感就会恢复到原来的水平。

当然，这个概念也有让人感到高兴的一面，因为根据这个概念，你因外部刺激而产生的负面情绪也只会持续一段时间。

总结来说，无论什么样的外部刺激，好的、坏的、让人兴奋或者让人沮丧的等等，最终这些刺激都会被慢慢适应。因此那些刚开始让我们感到好奇、有趣的事物，随着刺激次数的增加，最后我们都会没有感觉。

网红生命周期较短正是因为如此。那些让大众感觉新奇和独特的网红作品，一开始会受到人们追捧，但是时间长了，人们就适应了这种模式的作品，之后感到的就是无聊、没有新意，然后开始寻找能够给自己带来新体验的其他网红。

我们找到了粉丝对网红审美疲劳的原因，那么作为网红应该如何解决这个问题呢？

既然粉丝对网红失去兴趣的真正原因是因为刺激疲劳，那么解决方法就需要从刺激疲劳着手。

网红升级：给予新鲜刺激，产生新体验

刺激疲劳针对的是同一种刺激，那么最简单有效的解决方法就是：不断给粉丝带来新的刺激，让粉丝产生新的体验。

这种方法很多网红都使用过，比如罗辑思维在每天保持更新节目的同时，还会搞点新花样，让粉丝们保持新鲜感觉，如买月饼、1200万元投资papi酱等。这些新花样会对粉丝们不断产生新的刺激。

即使不开展新活动，没有新花样，同样的内容更换不同的包装形式，对于粉丝们来说也是新的刺激。

比如，一些"段子手"网红让粉丝产生审美疲劳，这时将原来的热门的内容做成视频，即可重新吸引粉丝的关注；过段时间再将视频改编成动漫，又刺激粉丝一次；等这股风潮过去后，还可以改编成真人版电影，继续刺激粉丝。如此就能够让粉丝不断有新体验。

实际上，"刺激疲劳"是很早就有的概念，在企业营销的层面，它被称作"品牌老化"，曾经非常流行的品牌概念，随着时间的流逝，消费者逐渐适应了品牌的宣传，对它越来越无感。

所以，要防止品牌老化，就要在保留它的核心价值的基础上，赋予它新的生命。那些世界级老品牌，无一不在不停地更换包装，升级概念，以便给人们新的刺激。

网红亦是如此，要保持不老化，就要不断给予粉丝新的刺激。

🔍 感官易消逝，价值永留存

为了防止用户对网红产生审美疲劳，网红需要不断给予粉丝新的刺激。但是无论有多少新花样，用户终有一天会厌倦，因为花样换来换去，还是那一个人。

而且不断变换花样的过程中，还存在一定风险，有可能因为一次失策而将过去建立的良好形象毁于一旦。

那么应该怎么做呢？

其实这个问题在商界早已经得到了解决。我们可以试想一下，经过多次刺激之后用户会对网红产生审美疲劳，但是为什么粉丝不会对公司的传真机产生疲劳呢？网红能不能像传真机一样，不让粉丝产生审美疲劳呢？

因为传真机能够帮助你完成事情（收发传真），所以你需要传真机的存在，它本身具有使用价值，而不是对用户产生感官上的刺激。同样，网红如果想象传真机等类似的工具一样，就需要具备可利用的价值，即网红的存在能够帮助用户完成一件需要被完成的事情，而不是仅提供感官体验。

比如，王自如创办的 Zealer，该网站为用户提供电子产品评测资讯，这些资讯就可以满足用户的需求。

当用户看到某新款电子产品发布时，厂家会将产品说得完美无瑕，但是用户希望得到专业的客观评价该产品的信息。

用户的这种需求，不是因为王自如才产生的，即使没有他，需求同样存在。而王自如帮助用户解决了这一问题，因此他对于用户而言就是有利用价值的。

那么作为一个网红，怎么做才算是有"可利用价值"呢？

最基本的标准是：用户是否会因为一件日常他所需要做的事情而联想到你？你对他来说是否有用？

比如，怕上火喝加多宝，加多宝就拥有了一个可利用的价值。这就是它的可利用属性。如果你也有了这样的可利用属性，那么你就具备了价值。

建立粉丝成瘾机制

著名心理学家斯金纳针对成瘾机制做过如下实验：

有两组鸽子，第一组鸽子踩红色按钮，100%掉落食物，鸽子吃饱了，就不再按了。

第二组鸽子踩按钮时，只有一定概率才能获得食物，也许需要踩60次才能获取食物。在这种非100%奖励的情况下，几乎所有的鸽子都会疯狂地踩按钮，概率再小，它们也不会因此气馁。

这些鸽子几乎以1分钟踩200次的频率，接连不断地踩15小时以上。

如果说让自己变得可利用化，是让粉丝从你这里获得东西（价值），那么建立粉丝成瘾机制，就是让粉丝自己付出。

用户在不断努力的过程中获得了积极的反馈，他就会觉得这是自己努力的酬劳，会更有成就感，更不容易产生刺激疲劳。

所以作为一个网红，如果能提供给用户的仅仅是你的付出，那么这些外部的刺激，对用户来说很容易就会产生厌倦感。但是让用户自己付出，他们会更有归属感。

泛娱乐的运营和未来:
开启新盛唐的诗篇

第 10 章
明星 IP：一将功成万骨枯

10.1　识别：什么样的 IP 有潜力成为明星 IP

摘要：

真正的明星 IP 一定是大众情人，它往往具备出色的全民参与属性。另外，明星 IP 需要具备的是能够引起全民共鸣的引爆属性。从这个角度来讲，《小时代》是明星 IP，而《致青春》虽然也不错，但是却很难和前者相比。

IP 的可转化程度是重要的指标之一，它代表了 IP 的潜在变化形式。真正的明星 IP 通常具有极佳的可塑性，毕竟在这个时代 1+1 已经行不通了，能够 1+N 才是关键。

看热度：粉丝的数量、能力和可持续性

"泛娱乐"是以 IP 作为产业核心展开的，各娱乐垂直行业相互连接也

需要一个 IP 贯穿其中，所以一个在电影、游戏、漫画等行业都能够产生巨大影响力的明星 IP，就成为公司"泛娱乐"战略是否能够成功的关键所在。IP 在"泛娱乐"行业中所起到的作用在《2014 年中国游戏产业报告》中是这样描述的："游戏产业对于 IP（知识产权）重视程度的提高，直接推动了围绕 IP 为核心的网络游戏、网络文学、网络音乐、网络影视等互联网产业的融合发展；IP 已成为泛娱乐产业中连接和聚合粉丝情感的核心，依托于 IP 在互联网产业中的穿插，构成了游戏企业跨界合作、多点布局的融合发展策略。"

什么样的 IP 有潜力成为明星 IP 呢？衡量明星 IP 的第一个指标就是粉丝。

粉丝的 3 个维度：数量、能力和可持续性（如图 10-1 所示）

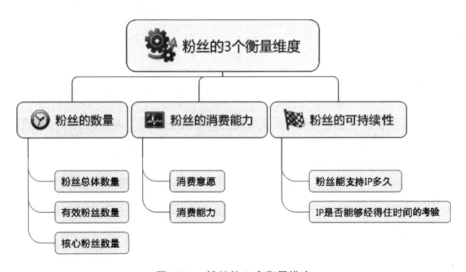

图 10-1　粉丝的 3 个衡量维度

真正的明星 IP 一定是大众情人，它往往具备出色的全民参与属性，此外，明星 IP 需要具备的是能够引起全民共鸣的引爆属性。

从这个角度上来讲，《小时代》是明星 IP，而《致青春》虽然也不错，但是却很难和前者相比。

真正的明星 IP 永远有一大票的忠实粉丝，在评价 IP 这件事情上，粉丝才是第一维度。但是在评估 IP 的粉丝时，也有 3 个主要的指标。

① 粉丝数量

一个 IP 有多少粉丝，是这个 IP 的第一个指标。同时，在确认粉丝数量的时候，要注意区分粉丝、有效粉丝和核心粉丝。

以游戏为例，10% 的玩家愿意掏钱，这 10% 的玩家就可以看作有效粉丝；而在 10% 的有效粉丝中，有 1% 的游戏玩家贡献了 60% 的游戏收入，那么这 1% 的粉丝才是核心粉丝。

② 粉丝能力

另外，还要考量粉丝人群的身份定位，注意区分粉丝的消费能力和消费意愿。

比如，大家都知道年轻粉丝消费能力稍差，而中年粉丝实力更强。但是不能因为这个 IP 产品的中年粉丝多，就认为它的经济价值更大：年轻粉丝消费能力虽稍弱，但是他们的消费意愿更强、消费行为更狂热。关键这个 IP 是否能够引爆粉丝的消费意愿。

③ 粉丝的可持续度

IP 是否能够长期可持续地聚拢粉丝？市面上有很多红极一时的 IP，但是限于题材或内容，最后都昙花一现。而像《名侦探柯南》这样老少皆宜的 IP 才是能够一直伴随着粉丝成长的 IP。

看潜力：可转换程度和潜在变现收益

潜力说白了就是可塑性，即一个 IP 究竟能衍生出多少相关产品，以及衍生出来的产品潜在变现收益又是多少。

潜力分为两个维度：可转化程度和变现收益

IP 的可转化程度是其潜力的重要指标之一，它代表了 IP 的潜在变化形式。真正的明星 IP 通常具有极佳的可塑性，毕竟在这个时代 1+1 已经行不通了，能够 1+N 才是关键。

比如，一部非常流行的网络小说，虽然它在网文领域有一定的粉丝基础，但是如果将小说直接做成动漫或者游戏，却不一定能成功，这和小说本身的可转化程度有关。虽然网文、动漫和游戏都属于娱乐产业，但是不同行业有着巨大的差异，文字能够展示出来的情节，动漫就不一定能够很好地展现出来。

游戏更是如此，游戏除了要有故事情节，游戏性更重要：如何将文字剧情很好地嵌入游戏中，让玩家产生代入感是一个难题。

有的题材相对来说可转化程度更高，比如，《琅琊榜》这种背景宏大、故事曲折、角色众多、又带有竞技性质的 IP，就非常适合改编成游戏。而《小时代》这种现代时装剧要转化成游戏，相对来说会困难很多，最多可以尝试换装类游戏。

IP 的变现收益也是其潜力的重要指标之一，虽然《小时代》不能直接转化成游戏，但是它改编成影视带来了非常可观的收益，《小时代》的 12 亿元票房是市场上很多明星 IP 都难以望其项背的。

另外，变现的种类和可持续度也是考量 IP 潜力的指标之一。

比如，《爸爸去哪儿》采取的变现方式就是广告变现＋电影变现＋衍生品变现。

持续度就更加简单了，同样是爱情，《小时代》拍了 4 部，而《致我们终将逝去的青春》只拍了一部，这就是差别所在。

10.2　打造：如何打造明星 IP

摘要：

资本市场对项目的认可非常多元化，无论你是在做小说，还是在做视频，都会有投资人给予关注，而这也说明目前并不缺机会。关键是大家能否发挥自己的灵活性和团队的优势，找到最符合自己的发展方向。

从现在的情况来看，还没有一家企业能够仅仅依靠自己的力量，在"泛娱乐"的道路上取得成功的，虽然这非常具有诱惑力，但是真正做起来却是困难重重。强强联合仍然是现在的最优选择。

🔍 把握趋势：择优选择、精心打磨

前文讲述了什么样的 IP 有潜力成为明星 IP，但是明星 IP 并非天生就有潜力，一个明星 IP 的诞生离不开多方位多角度地打造。

在这个过程中，择优选择、精心打磨是关键。

以 2015 年的热门 IP《花千骨》为例，《花千骨》的原著是一部非常经典的仙侠小说，出来之后受到不少粉丝的热捧。而在将小说改编为电视剧和游戏的过程中，在尊重原著的基础上作了适当修改，迎合了受众人群的口味，最后才推出了制作精良的游戏产品，这就是一个非常典型的优秀 IP 的打造模板。

一个明星 IP，一定是可以让粉丝在读者、观众与玩家三种身份之间随意进行转换的。

资本市场对内容的认可其实非常多元化

笔者最近统计了某平台近三个月的完全融资项目，从这些项目所涉及的领域发现一个有意思的现象：资本市场对项目的认可非常多元化，无论是内容领域，还是泛娱乐领域，无论你是在做小说，还是在做视频，都会有投资人给予关注，而这也说明了目前有很多机会。关键是大家能否发挥自己的灵活性和团队的优势，找到最符合自己的发展方向。

做娱乐有方法是肯定的，但不是固定的方法：并不是说你必须怎么做，才能获得成功。

泛娱乐很多时候是"玩"出来的，你要有一个玩的心态，才能让自己心态放平和，做的内容才好玩，才能够吸引大众。

最起码的，你要有娱乐大众的精神，才有可能去获得你期待的成功。

你的选择要契合你的团队基因

需要注意的是，你做的事情、内容、IP 要契合你的团队基因。比如，你之前做的是严肃的正剧，现在想做喜剧就会比较困难，但是有一些不是那么无厘头的你就可以考虑（如《盗墓笔记》）；如果你之前是做新闻的，现在想做娱乐板块，就可以在娱乐新闻上挖掘，总之不要偏离自己之前做的事情太远，否则重新开始也是成本。

目前来说，在整体网络环境下，如果你做的东西太"正"就很难吸引人，能够快速火起来的事物都是有娱乐属性的。

正确取舍很重要

如果你的团队未来想做大众化网络创意内容，想要获得更大基数的资金支持，那么在 IP 选择方面你就需要有所取舍。

如果你想要做的不仅仅是娱乐，还要在此基础上有一些深化的东西，那么你的内容就需要有沉淀的基础，比如《滚蛋吧肿瘤君》，它就能够带给人们一些思考。比如《夏洛特烦恼》，也有它的沉淀所在，并不是看完了以后就完了，观众会有一些收获，而不是纯搞笑。

归根结底：你得想清楚，自己到底想做什么事儿，往哪个方向奔，现在你的团队架构是不是适合做这件事儿，能不能做好这件事儿。

并且，在你的融资过程中，很重要的一点，就是放下你的情怀，放下你所谓的理想情结，先从投资人的角度去看：这个事情能不能做？有没有空间？

从融资额度来看，做内容的公司通常得不到太高的融资额度，有以下两个原因：

① 做内容的公司都是慢热型，而且在早期，没有数据支持，也没有盈利，这样一来估值就不可能太高。

② 做内容跟做游戏很像，好的内容公司有很强的盈利能力，也许一开始根本就不需要融资，或者不需要那么多的金额。它很有可能只是在一些特殊时刻，希望有一笔钱来保证公司的发展速度，或者保证某个项目的进度。

所以说要调整你的融资预期。

能不能把握住趋势成为决胜点

把握趋势要求的是：你不能只看到现在，你需要看远一点，预测未来的趋势。

比如，对抗性游戏曾经在PC端非常受玩家欢迎，于是大家都一窝蜂地去做对抗性游戏。

只有少数游戏厂商意识到，随着移动互联网的发展以及智能手机的普及，对抗性游戏的市场正在不断缩小，而休闲娱乐类型的游戏将成为未来的主流。于是，他们开始逐渐转型做休闲游戏，这就是正确把握住了趋势。近几年在移动端上的休闲娱乐类游戏发展迅速，受到越来越多玩家的青睐。

一个IP想要在短时间内获得粉丝的关注并不是多难的事，难的是在保持已有粉丝的同时，还能持续得到新粉丝的关注。想要获得粉丝的持续关注，在选择IP时就需要把握住趋势，根据未来的趋势，提前进行布局。

双剑合璧：强强联合、共同协作

在上文我们就提到过，泛娱乐的关键是：将游戏、动漫、影视、文学等娱乐相关行业相互打通，形成一条完整的泛娱乐产业链。所以，想要建立一个"泛娱乐"帝国，仅依靠同属娱乐的各个产业独自发展是不可能的，产业之间的合作非常重要。有人曾经专门就行业之间的合作对IP产生的影响做过调查，调查显示，同样一个IP，选择行业合作所产生的价值是一个行业所产生价值的 4 倍。由此可见，娱乐行业之间的合作将会产生"乘法效应"。

强强联合仍是最优选择

从现在的情况来看，还没有一家企业能够仅仅依靠自己的力量，在"泛娱乐"的道路上取得成功，虽然这非常具有诱惑力，但是真正做起来却是困难重重。强强联合仍然是现在的最优选择。

盛大的陈天桥曾经想要这么做，但是最后以失败告终，这就是盛大的"网络迪士尼"计划，失败的原因除了盛大内部的原因以及环境政策的原因，还有一个重要原因就是盛大希望只凭借自己的力量打通一条泛娱乐的道路，最后事实让盛大明白，这种想法行不通。

同时，盗版是一个无法回避的问题，因为盗版的存在，很多人已经习惯了免费方式，所以如何将流量变现就成了一个棘手的问题。目前，流量变现的最好方式就是通过游戏来实现，但是除了游戏，其他行业一直没有找到更好的方式。所以，行业之间的合作就显得尤为重要，合作能够建立良好的商业模式，共同打击盗版，对抗盗版所带来的影响，同时营造良好的产业氛围。

光宇的副总裁朱平保曾经说过："在市场逐渐成熟的当下，游戏市场已经不是单纯意义上的运营、营销，任何娱乐形式将不再孤立存在，而是全面跨界连接、融通共生的。"

"泛娱乐"是一个非常大的概念，它的涉及面远比人们想象得要宽广，做好泛娱乐，关键是行业之间的合作、跨界和融合。

作为新兴的理念，泛娱乐目前既是机遇，也是挑战，如果能够借助"互联网+"的风口，对中国的泛娱乐产业来说，也许是一个弯道超车的机会，或许能使我们在世界文化产业中占据一席之地。

在这个过程中，学习和借鉴非常重要，我们也要参照国外的成功的泛娱乐商业模式，积极实践"拿来主义"。

做乘法而不是做加法

泛娱乐的关键在于一个"泛"字，当我们有了一个具备潜力的IP，就要围绕它，将游戏、动漫、电影、文学小说相互结合起来，打造出一个在各行业都有足够受众人群的跨界IP。

如果一个IP，既有被大众所追捧的原创小说作为基础，又有影视或者动漫作品依次上线，同时还有以这个IP为核心而打造出来的游戏作品，那么这个IP对大众的影响力将会大大增加。

1+1+1+1最后出来的结果，可能不是加法，而是乘法。

11.1　管理：向漫威与迪士尼学习，打造完整产业链

一个优质的 IP 不是短时间内就能够打造出来的，优质的 IP 必须要经历时间的打磨和考验，如同漫威手下的"复仇者联盟"足足用了 70 多年的时间才打造出来。

一个有潜力的"泛娱乐"项目需要具备两个条件：第一，可以持续生产优质内容；第二，拥有一条完整的泛娱乐产业链，能够有效整合产业链资源，实现 IP 产品的快速变现。

🔍 漫威模式：让价值共建取代"挖掘变现"

如果你不是动漫迷，那么就有可能没有听说过漫威漫画公司，但是即使你对动漫毫无兴趣，也不可能没有听说过漫威的作品。《美国队长》《蜘

蛛侠》《复仇者联盟2》都是它的作品。

漫威漫画成立于1939年，如今已经有77年历史。在漫威成立之初，它是一家仅有3名编辑的小漫画出版社，而经过了77年的打拼，如今漫威已经横跨动漫、影视、游戏多个产业，是一个不折不扣的超级英雄王国（如图11–1所示）。

图 11-1 漫威漫画

当前泛娱乐被炒得非常火爆，不少中国商家都在高喊要进军泛娱乐，而横跨多行业的漫威刚好是一个非常成功的案例。下面来我们来详细分析一下漫威成长的历程，也许能够从中找到一些值得学习的方法。

商业模式的探索：跟随是不会得到好结果的，合适的才是最好的。

很多故事的结局都是非常美好的，但是过程却是坎坷曲折的，漫威即是如此。虽然现在漫威所采用的商业模式被誉为泛娱乐的最佳模式，但是漫威初期在模式的探索上并非一帆风顺。从最初的毫无头绪、模式混乱，到20世纪90年代中期终于找到了正确的方向，略显成效。漫威进军电影业的路程长达30年。

漫威最初是以漫画起家，但是在20世纪70年代漫威就意识到仅依靠漫画是不可能发展起来的，以出售改编权的方式来为自己创作的漫画人物吸引好莱坞的注意力，是他们进军影视行业的最好选择。然而在当时，英雄主义文化并不被大众所青睐，所以漫威的《美国队长》《神奇四侠》等电影遭遇了票房滑铁卢，以惨败收场。漫威在影视方面的转折点是在1996年，在此之前经历了一系列的重大变化，之后获得重生的漫威将自己的电影部门公司化，漫威影视就此成立。漫威成立影视公司后改变了进军影视业的策略，将之前的出售改编权方式变为授权方式，想要以此与好莱坞达成共赢（如图 11-2 所示）。

图 11-2　漫威的作品

漫威在进军影视的道路上积累了宝贵的经验，最终在这些经验的帮助下形成了独特的商业模式——"漫威模式"。比如，漫威的老对手DC与好莱坞合作采取的是完全授权的方式，但是漫威意识到这种方式对自己并不完全合适，所以漫威虽然也采取授权方式，但是还会做很多前期制作的工作：选择合适的剧本以及创作团队，然后将主创和概念打包交给授权方。这样的方式保证了拍摄出来的电影与漫威的漫画原著相差不远。而漫威的授权作品在此之后都获得了巨大的成功。尤其是《X战警》和《蜘蛛侠》这两个系列的电影，福克斯和索尼分别在这两部电影上大赚了一笔。

以IP的"价值共建"取代IP的"挖掘变现"

英雄是每个时代都需要的，同时每个人也都有过自己的英雄梦，"拯救人类""拯救地球""英雄救美""惩恶扬善"等等。而漫威就是借助于大部分人都有过的英雄情结才取得了现在的成功，也让"漫威模式"广为人知。从泛娱乐角度来看，漫威创造的英雄就是它的核心IP。《钢铁侠》《蜘蛛侠》《美国队长》等一系列电影都是以这个IP为核心打造出来的（如图11-3所示）。

对于IP的打造和发展，从最开始的IP培育到成型之后的经营运作，漫威有完整的一套IP价值理念贯穿其中，这种理念大大延长了IP的生命周期。漫威对所要打造的IP的要求是：每个英雄之间要相互联系，先进入市场的电影要为下一部准备上映的电影做铺垫，以此做到内容上相互联系，同时在电影推出时间上承接有序。典型的情节就是漫威英雄电影在结尾时的彩蛋，这种彩蛋让观众对下一部要推出的作品充满期待。漫威懂得如何去维持一个IP的生命力，因此不断用新的产品和角色以不同形式去丰富 IP，这种方式同时还能够加深观众对 IP 的印象和理解，提高观众的忠诚度。

图 11-3　漫威的电影海报

对于中国那些热衷于泛娱乐的厂商来说，现在的 IP 就是"万金油"，用起来非常方便，因为有很多现成的。无论是动漫、电影还是文学小说，只要感觉有市场，就通通拿过来使用。这些厂商在意的是如何将 IP 快速变现，而缺乏培育和运作 IP 的耐心，这种模式风险性较高，并且难以长期维持。

目前中国很少有公司将重心放在运作 IP 上，缺少原创的高质量 IP 和成熟的运作模式是中国 IP 发展的瓶颈，也是中国泛娱乐面临的最大问题。

统一的世界观，不断进化的故事

漫威在几十年的发展中，将自己的英雄故事写得非常完整。它告诉观众英雄不是凭空产生的，从出生到成长再到与恶势力斗争，每个过程都有提及，而且英雄所在环境的世界观与现实世界相一致，这种非架空的世界观念让观众感觉那就是自己所生活的年代。

我们从漫威的发展过程中不难看出，不论是培养 IP 还是创作作品，一个优质的素材最重要的是能够引发观众的共鸣。如同周星驰的电影，周星驰在电影里扮演的角色都是平凡的小人物，这种小人物就在我们身边，因此他的电影很容易引起观众的共鸣。而漫威的超级英雄亦是如此，大部分英雄开始都是普通人，而且在成为超级英雄之后，将自己的装扮去掉依然是普通人，有着普通人所需要面对的所有烦恼。另一方面，"漫威模式"更多地体现了现代意识与传统文化的融合，强势 IP 必有其所坚守的核心价值与文化内涵。

一个优质的 IP 不是短时间内就能打造出来的，必须要经历时间的打磨和考验，如同漫威旗下的"复仇者联盟"足足用了 70 多年的时间才打造出来。而对于中国的泛娱乐厂商来说，还有追赶的机会，但是必须要经得起短期利益的诱惑，寻找适合中国的泛娱乐化模式。

迪士尼模式：持续性生产优质内容，完整产业链实现快速变现

一个有潜力的"泛娱乐"项目需要具备以下两个条件：

第一，可以持续生产优质内容。

第二，拥有一条完整的泛娱乐产业链，能够有效整合产业链上的资源，实现 IP 产品的快速变现。

以美国迪士尼为例，迪士尼作为世界最为著名的动画产业公司，它的发展历程在这里就不再赘述，现在我们先来了解一下它的动画作品的情况：迪士尼公司已经成立90年了，据不完全统计，自成立以来上映的作品有150多部，其中由迪士尼独立制作的动画作品为55部，获奖及获得奥斯卡提名的作品一共46部。在90年中，迪士尼塑造出了类似《迪士尼七公主》《大白》《巴斯光年》等无数经典动画形象，深受大众喜爱。从上述内容中我们很容易看出，迪士尼作为世界娱乐巨头，拥有强大的原创优质IP的能力。

大方向不变，持续生产新内容

拥有强大的优质IP生产力只是开始，为了产生品牌效应，并明确品牌定位，还需要在作品大方向保持不变的情况下，使其细分内容有丰富的变化。在迪士尼大获成功的动漫作品中，有不少改编自世界各地的经典动画或者神话，对于这些在世界上流传已久的经典故事，迪士尼非常擅长使用新的形式进行表达，而且作品中所体现出来的价值观也能够和美国社会主流价值观相吻合。

持续产生新内容能够让粉丝对你保持新鲜感，拥有稳定的产品风格能够让你的产品和其他同类产品区分开，让你的品牌在市场中占有一席之地，而且能够让粉丝认同你的价值并对你产生高黏性。

迪士尼发展到今天的规模，离不开它成熟专业的商业化运营。迪士尼除了进行动画制作外，还涉及动画周边的多个领域，如主题公园、玩具、游戏等。这种做法完善了其产业布局，打造出了一条完整的IP产业链。

迪士尼将其建立的动画形象IP很好地和商业运营结合起来，几乎在所有的动画形象获得成功之后，迪士尼都会有后续操作配合展开，比如，建立主题公园、发展周边产品等，也正是因为有这样的后续操作，迪士尼在创作 IP 时，就会把后期商业运作的因素考虑进去。

与迪士尼相比，中国的很多泛娱乐项目则显得非常不成熟。在内容生产上粗制滥造已经是常见现象，有些则是前期冲劲十足，但是后期就毫无活力，整个就是昙花一现。而在后期商业运作上中国起步较晚，产业链还不够完整，缺乏有经验的专业人士进行后期运作，从而导致最关键的变现部分实现起来较为困难。

11.2   变现：提高 IP 变现能力，就靠三个"拼"

摘要：

没有良好的运营，IP 就无法发挥价值。只是拥有一个优质的 IP 并不能成为你成功的法宝，也无法变现。将一个优质 IP 通过游戏的方式运营起来则是一个很好的方式。

IP 运营就是用好的内容去吸引用户，并通过围绕 IP 产生的优秀产品来留住客户，最终实现商业价值。

从早期储存的 IP 资源中挑出一部分进行运作变现，提高公司利润，并且在 IP 运作的过程中拉高 IP 的估值，是标准做法。

🔍 拼制作：谁能把握原作的精髓

IP能不能成功变现，最终需要看制作，要把握原作IP的精髓。

什么叫作精髓？

原作IP中最打动人的核心要有，最有趣的细节也要有。比如《十万个冷笑话》手游，当玩家进入《十万个冷笑话》手游之后，会看到各种电饭煲，会看到画面中李靖在那里空手接白刃，《十万个冷笑话》的精神就是搞笑、随意、各种无厘头。

在手游中，玩家可以随意在墙上看到小广告，小广告的联系方式其实是《十万个冷笑话》的游戏官方公众号，这就非常契合原作的精神。它高度还原了原作的幽默感。

而手游的过场动画，也是精心制作，非常有趣的，玩家虽然重点是玩游戏，但是仍然会把过场动画看完。

这体现的是制作者对原IP的深度理解，在还原的基础上，变成现有的模式。如果粉丝原本是这个IP的粉丝，你制作出来的产品，粉丝来捧场，但是看到的却是和原著不一样的东西，玩家一定会失望地离去，也许还会有一种上当受骗的感觉，这在过去的IP改编中并不少见。

IP不是简单地换皮

说起做精品的态度，我们可以参考蓝港互动的廖明香在谈到《十万个冷笑话》的手游制作时所说的："我们在整个的游戏制作中，制作人全程参与和沟通，他们在研发方进驻了好几个月的时间，他们把自己的很多想法及想要表现的东西，以及他们对于粉丝的理解，很好地融合到整个游戏的设计里面去……我们对IP生态的理解，不是简单地换皮，换皮没有任何价值，哪怕再好的IP，如果只是换一个皮，迅速上产品，我们都会拒绝掉。

对于我们来讲，IP 整个生态的理解是什么？它是从两个方面来讲，一方面是从营销到运营；另外一方面，从粉丝到玩家，再到大众。从内容上面，从对文化的理解到运营，每个环节环环相扣。真正从动漫的群体，再到游戏的群体，扩散到整个游戏玩家，能做到那么大玩家群体，恰恰说明 IP 放大的力量。"

拼粉丝：谁能获取最多、最忠诚的粉丝

一个 IP 产品出来，有了足够的粉丝之后才有可能变现。做内容与做 O2O、做社交不同，O2O 有订单即可，社交有客户即可，而做内容需要的是变现能力。变现能力的高低将决定未来你发展空间的大小。拥有高变现能力的产品是现在很多创业团队所追求的，比如现在小说非常热门，因为小说未来可以做游戏、做影视，具有高变现能力。

判断变现能力的大小，主要看能够占据目标受众时间的能力。同时占据目标受众时间的能力也是判断一个 IP 产品是否成功的重要指标。因为 IP 产品有着精确的目标受众，在这一前提条件下，每个 IP 产品的粉丝群体都是非常明确的。这时，如何扩展自己的粉丝就成为每个 IP 产品需要考虑的问题。通常的做法是巩固自己已经拥有的粉丝，以这部分粉丝作为核心用户，不断地吸引新用户关注。

比如《暴走漫画》，它最初以平面漫画出现，得到一些用户的关注，然后将这些用户作为核心粉丝，不断扩大用户群体，现在已经拥有了多个子栏目。如今《暴走漫画》又要做大电影，这些都是为了占据粉丝更多的时间，然后进行电商变现。

网络剧是现在非常受欢迎的创业切入口。随着大众的生活水平日益提

高，人们在娱乐上所花费的时间和金钱也越来越多。除此之外，随着 4G 网络和 Wi-Fi 的进一步普及，移动互联网呈井喷式发展，加之视频以及移动互联网入口红利依然存在，现在通过移动终端获得网络资源已经成为大众的生活习惯。移动终端可以有效利用人们的碎片化时间，在公交车上就能够看网络剧，再加上网络剧的核心 IP 已经有一定的粉丝基础，这让网络剧创业具有风险低、投资回报率高的特点，所以现在网络剧备受青睐。

网络剧的表现形式更加多元化，因此所带来的变现能力也更加强大。以网络剧为核心，还可以向音乐、游戏、动漫以及电影等多方面做延展。

不可放过的大数据武器

《纸牌屋》就是一个很好的例子，这部剧之所以能够如此受欢迎，是因为从剧本到演员再到如何播出，都是根据收集到的千万观众的大数据作的决定。知道了观众的需求，更有利于我们创造出观众喜爱的作品。

🔍 拼运营：谁能在孵化和变现阶段都做到极致

什么是 IP 运营？

IP 运营就是要用好的内容去吸引用户，并通过围绕 IP 产生的优秀产品来留住客户，最终实现商业价值。

没有运营，没有 IP

没有良好的运营，IP 就无法发挥出价值。只是拥有一个优质的 IP 并不能成为你成功的法宝，也无法变现。将一个优质 IP 通过游戏的方式运营起来则是一个很好的方式。

很多游戏公司认为拿到一个普通游戏，找一家游戏制作外包公司，然后利用 IP 的影响力赚一笔钱，这就是 IP 的运营和变现。这样做能够短时间内赚一笔钱，但是如果想要长远发展，这种"快餐式"的运营是远远不够的。比如蓝港互动很早就签下了《甄嬛传》，认为适合改编为卡牌游戏，但是为了保证质量，蓝港互动并没有马上推出游戏，而是直到《甄嬛传》播出 4 年之后，游戏才上线。

想要将一个 IP 很好地运营起来不是短时间就能够做到的，在运营过程中需要考虑很多环节。比如首先要拿到一个好的 IP，然后要思考应该做哪一类 IP 产品，如何才能激活受众等。《西游记》是中国的超级 IP，从刚上学的小朋友到已经退休在家的老年人都是它的受众，但是你以《西游记》为核心做的项目不可能将所有受众都作为目标受众。针对的目标受众不同，内容策划都会有很大的不同。

在 IP 运营中，主要由两个阶段构成（如图 11-4 所示）。

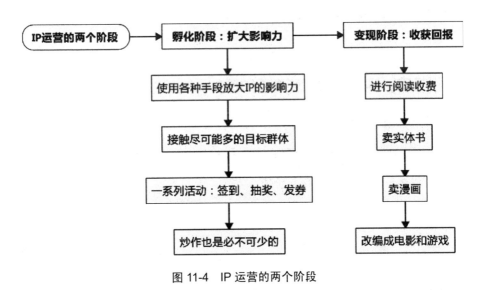

图 11-4　IP 运营的两个阶段

① 孵化阶段

这一阶段就是 IP 不断增长的阶段，孵化这个词非常形象，IP 一开始是一个蛋，各种产品一点点把它养大，但它是长成一只土鸡，还是长成一只金鸡，取决于运气、努力等元素。

在 IP 的孵化阶段，最重要的是能够让好的内容通过优秀的互联网运营手段，去接触到尽可能多的目标客户群体。在这个过程中，用户会和 IP 产生情感上的共鸣。

孵化阶段非常漫长，有时需要几个月，有时则需要几年，无论是内容的创作，还是粉丝情感的酝酿发酵都需要时间，这时运营的手段能够起到很好的辅助作用。

在这一阶段常常使用的运营手段是：签到、抽奖、发券等。

另外，炒作也是必不可少的。

② 变现阶段

当 IP 积累了足够的知名度和粉丝时，就可以走向变现了。这时需要的是一系列的商业化运作，比如 IP 进行收费（在网上阅读书籍，到了一定阶段才开始收费）、卖实体书、卖同 IP 漫画、网文开始改编成游戏，都属于这一阶段要做的事情。

无论哪个阶段，运营的发力都必不可少，通过运营能够触发 IP 的成长，通过一系列的手段，能够帮助 IP 放大它的影响力，最终实现的就是商业价值。

运气也是必不可少的因素

说起 2015 年的优质 IP，就不能不提出爱奇艺和天象互动共同推出的手游《花千骨》，这款手游是由小说 IP 打造出来的，与之同期上线的还有同名电视剧。手游和电视剧同期上线就是爱奇艺打通"泛娱乐"产业链的结果。接下来爱奇艺还准备围绕这一IP将产业链进一步延展开。

从《花千骨》我们可以看出，明星IP往往具备惊人的延展力，既可以作为网文火爆全网，又可以拍摄成电视剧引起观众讨论或吐槽，还可以做成手游吸引众多的粉丝。

但是要做出《花千骨》这样的超级IP，除了我们讲的拼粉丝、拼精品，还要有概率。

或者说，要有运气。

做IP有时靠的就是运气。

在做孵化IP时，能够选择的IP肯定不止一个，也许此时你不知道哪个是优质IP，哪个IP今后能够火爆，所以就可以尝试同时多孵化几个IP，增加成功的概率。

如果重视网络文学资源，可以签约一些原创作家，然后和社会化媒体平台上的知名意见领袖合作，从文学作品当中挑选一些有潜力的IP，进行传播推广。

这种方法不少平台都在使用，比如，起点中文网手中就有一大批签约作家和他们的原创作品，说不准什么时候就能够爆出一个超级IP。

概率不是让你盲目地囤积IP，而是让你从诸多你了解、认可的IP中，择优选取几个，然后分别投入。

未来谁掌握的资源越多，谁的赢面就越大。